徳づくりの経営

道経一体経営セミナー用テキスト

公益財団法人モラロジー研究所

徳づくりの経営

――道経一体経営セミナー用テキスト

まえがき

本書は、モラロジーに基づいて展開される「道経一体経営セミナー《どうけいいいったい》」用のテキストです。これは公益財団法人モラロジー研究所および一般社団法人日本道経会が主催するセミナーであり、対象としては中小企業の経営者および経営幹部を想定しています。

「道経一体」とは「道徳経済一体」の略であり、第一章では、道経一体思想の基本的原理を述べます。第二章では、道経一体思想に基づく営業・生産・財務の基本を述べます。第三章では、あらゆる企業活動の本になる人づくり・品性づくりの概略を述べます。第四章では、急成長や規模の拡大よりも、持続的発展や永続性を重視する立場から、企業経営の基本的観点を示します。そして第五章では、世界経済のグローバル化や情報の爆発的増加、さらには少子高齢化によって激変する現代の日本において、中小企業に求められている特有の課題を数点だけ紹介します。

モラロジー（道徳科学）とは、「道徳」を表すモラルと「学」を表すロジーからなる学術語で、法学博士・廣池千九郎《ひろいけちくろう》（一八六六～一九三八）が大正十五年（一九二六）に創建した総合人間学です。この研究と普及を目指して設立されたのが公益財団法人モラロジー研究所です。モラロジーの扱う領域は個々人や家庭にとどまらず、社会・国家・経済・国際社会など、広範囲に及びます。その中でも、経済・経営に関する分野は中核をなし、その精神は「道経一体」と呼ぶことができます。なお、モラロジーでは、道徳には「普通道徳」と「最高道徳」の二種類があるとしています。前者は普通一般に考えられている道徳のことですが、最高道徳とは聖人などが実行した最も高いレベルの道徳です。モラロジーでは普通道徳の実行を推奨しますが、同時に、真に好結果を得るためには最高道徳の実行が必要であるとしています。

また、日本道経会とは、モラロジー研究所が主導して平成十一年に設立された企業単位の全国組織であり、モラロジー研究所の姉妹団体です。廣池千九郎の提唱する道経一体思想を会員が共に学び、実践し、さらにそれを社会に広めていこうという趣旨で活動を展開しています。

本書は、道経一体とはどういうものかを示し、さらに現代の中小企業が道経一体の経営を実現するためにはどうすべきかを示しています。セミナー用のテキストであるため、概略や基本的な事柄だけを記述しました。詳細を知るためには、凡例に示す書籍等もご参照ください。

公益財団法人モラロジー研究所
一般社団法人日本道経会

徳づくりの経営——道経一体経営セミナー用テキスト◆目次

装丁：株式会社エヌ・ワイ・ピー

＊題字（徳）は廣池千九郎の遺墨「徳潤身（徳は身を潤す）」より
中国古典の『大学』には「富は屋を潤し、徳は身を潤す。心広く体胖《たいゆたか》なり」とあります。廣池は、これを健康・長命の原理であるとしました。道徳的な精神作用と行為を累積していくと、天地自然の法則にかなっているために心身共に安定して伸びやかになり、健康と長命を得ることになるのです。

【凡例】

一、本書に掲載している廣池千九郎の著述・口述は、左記の著作（いずれもモラロジー研究所刊）からの引用である。書名については上段のように省略して示した。

『論文』＝新版『道徳科学の論文』

例：『論文』⑧＝新版『道徳科学の論文』第八冊

『語録』＝改訂『廣池千九郎語録』

『格言』＝『最高道徳の格言』

『原論』＝『道徳科学（モラロジー）経済学原論』

『重要注意』＝『新科学モラロジー及び最高道徳に関する重要注意』

遺稿A＝『モラロジー研究』第六十五号所収

遺稿B＝『モラロジー研究所所報』昭和六十三年三月号所収

『抜粋集』＝『廣池千九郎著作抜粋集　道徳経済一体思想』（増補版）

『歩み』＝『資料が語る廣池千九郎先生の歩み』（改訂版）

『教訓抄』＝『教訓抄』

「大義名分の教育」＝「大義名分の教育の必要とその教育の原理及び方法」、『モラロジー生涯学習資料』第三号所収

二、引用文はほぼ原文のまま抜粋したが、文脈上不要と思われる箇所は略し、一部は現代表記に改めた。

三、各章の扉には、本文中で引用した廣池千九郎の言葉等を掲げた。

第一章　道経一体と品性資本の経営

——経済を捨てて救われた魂は人間社会には用なし

——品性を第一資本とし、金を第二資本とす

一、道経一体の経営を目指す

人間の生活は精神生活と物質生活の両面から成り立っています。どんな場合でも、必ずこの両面があります。国家も企業も家庭も個人も同様です。どちらかだけとか、どちらかが他方に比べて大きいということはあり得ません。ちょうど紙の表と裏のようなものです。

そして、精神生活の法則は道徳であり、物質生活の法則は経済です。紙の表裏が一体であるように、道徳と経済も一体です。このことを「道徳経済一体」といい、「道経一体《どうけいいったい》」と略すこともあります。道徳と経済は、一体でありながら両面を持つという「一体両面」の性質を持っています。道経一体の考えでは、これを自然界に流れる法則の一つとみなし、時代、国家、社会状況、好不況などにかかわらないものとします。したがって、我々が企業を安定的に発展させていこうと思うならば、この法則を無視することはできません。

「一体である」という言葉には、次の三つの意味があります。第一は、「道徳と経済は本来一体であったし、現実にも一体である」という意味です。現在、多くの人々には、道徳と経済は別々のものである、それどころか相反《あいはん》するものである、と考える傾向が強くあります。これが常識であるといってもよいかもしれません。しかし、状況を深く鋭く、また長期にわたって観察すると、実は道徳と経済は一体であることが分かります。たとえば、長期的かつ安定的に発展している企業は、必ずその背景に優れた道徳性が存在しています。逆にいま、どんなに拡大・発展していようが、道徳的に問題があるような企業は、早晩必ず崩壊したり、衰退したりします。

第二は、「道徳と経済は一体であるべきだ」という意味です。これは、どちらかだけになると、もしくはどちらかに大きく傾くと、必ず両者ともが崩壊する。したがって、両者一体の運営をしなければならない、ということです。国家、企業、家庭、個人の経済的破綻《はたん》は、その多くが道徳と経済が一体であることを無視・軽視したために起こったものです。

第三には、「道徳と経済は必然的に一体となる」という意味です。道経一体とは自然の法則ですから、たとえ現在両者がかけ離れていたとしても、いずれは一体のものになります。そうでなければ存続不能となり、その組織や人は消滅する、ということです。

この三点をまとめて、廣池《ひろいけ》千九郎《ちくろう》は次のように述べています。「およそ人間の実生活の内面生活は道徳に存し、外部生活すなわち衣食住は経済に存することを悟って、この両者の本来一体であるべきこと、（さもなきものも）両者の必ず一致すべきことは必然的にして、天地間における人間実生活の大法則はここにあることを発見、確認するに至ったのであります」（『原論』）。

また、経済を無視して人間の精神だけを重視する見方に対しては、次のように述べています。

「経済を捨てて救われた魂は人間社会には用なし、死者と同じ。死者を作ることは罪悪なり」（『語録』）と。


道経一体の経営は、すべての根本を人間の品性に置く経営です。したがって、人づくりを重んじ、次項に述べるように「品性資本」に基づく経営を行います。そして、永続性を目指し、常に「三方よし」を心がけます。

二、品性資本を重視する経営

モラロジーの創建者・廣池千九郎は、日本が経済的に苦境にあった昭和七年（一九三二）に、各層の会社経営者に向かって、「品性を第一資本とし、金を第二資本とす」（『語録』）と呼びかけました。「品性資本」という言葉はここに始まります。普通、資本とはカネ、モノあるいは情報などを指しますが、道経一体の経営では、このように人間の品性を事業の元手とし、最も重要な資本と考えます。

品性は徳とも呼ばれ、道徳的な心づかいと行いを累積することによって形づくられる、卓越した道徳的能力のことです。この品性は人格の中心にあって、知情意をはじめ、心身の働きを統合する力となります。会社においては経営者の品性を中心として、その会社の社員すべての品性が集まったものを品性資本と呼びます。カネ、モノ、情報などの資本は、経営を行う過程でさまざまな形に変容しますが、品性は、その中で一貫して存在し続ける根源的資本であるといえます。

事業経営は、逆境や試練などの危機、絶えざる経営判断、事業の取捨選択、破壊と創造を通して発展していくものです。そのためには、どのような事態に直面しても柔軟に対処できるような根源的な「生命力」が必要であり、それが品性資本です。品性資本は火にも焼けず、水にも流されず、人にも盗まれることなく、色も形もないものです。しかし、この品性資本こそが、無から有を生み出す力、すべての物事を成し遂げる根本力となります。まさに「事業の本は人なり、人の本は品性なり」です。

学力、知力、技術や技能など、企業家としての知識や才能は「第一の徳」と呼ぶことができます。一方、人から信用、信頼される人望や社会から認められる徳が「第二の徳」です。永続と発展を目指す経営者には、この二重の徳が必要です。廣池は「第二の徳」の中核をなす品性の力について、「モラロジーは金だけが資本ではない。品性が資本となって、日々の売り出し、外交、仕入れ等の基をなすものである。この品性を進化せしめる実行方法が最高道徳である。最高道徳をやれば万事都合よく信用ができる。これはその品性の力である」（『語録』）と述べています。

三、品性資本とは「つくる力」「つながる力」「もちこたえる力」

品性資本は企業や人間の内奥《ないおう》にあり、目には見えないし、触ることも、量ることもできません。しかし、さまざまな経路をたどりながら、企業活動のあらゆる面に表れます。そして、企業の非常時に劇的に表れることもありますが、普通は日常的に道徳的な様相を帯びて表れています。その表れ方は三つの形をとると考えられます。第一は「つくる力」であり、次いで「つながる力」と「もちこたえる力」です。

「つくる力」とは創造力や革新力（イノベーション力）です。人間にたとえると、知的活動をつかさどる「アタマ（頭）」にあたります。どの企業にも、常に市場や顧客を開拓して社会の発展に役立つという重要な使命がありますが、この開拓する力とはまさに「つくる力」です。

したがって、企業においては三つの力のうちで最も重視されるべき力です。とくに今日の中小企業には、自らの特徴を生かして独自性の高い道を進むことが求められていますが、この独自性や個性を発揮し、他社との差異化をはかる原動力が「つくる力」です。

「つながる力」とは関係力、とくに人間関係力（コミュニケーション力）です。人間にたとえると、感情的要素を色濃く帯びた活動をつかさどる「ムネ（胸）」です。この世の中は自然界であれ、人間社会であれ、すべてが相互扶助の関係によって成り立っています。自分だけ、自社だけでは存在し得ないのです。そのため、他者との関係性が重要になります。自分だけが利益を得るような関係はあり得ませんし、あっても長続きするものではありません。企業は社員、顧客、仕入先、株主、地域社会、金融機関等々とさまざまに深く関係づけられているため、これらと深く「つながる力」が求められるのです。

「もちこたえる力」とは持続力や永続力のことです。人間にたとえると、意思を表す「ハラ（肚）」にあたるといえます。「もちこたえる力」にもさまざまな側面があります。企業が持続的発展を遂げるには、安定した財務力が必要です。この意味では、「もちこたえる力」とは安定的財務力と表現できます。また、企業を取り巻く環境は常に変化しているため、好むと好まざるとにかかわらず、企業は時に激流に飲み込まれ、危機に陥ることもあります。そのような場合、「もちこたえる力」とは危機管理力や復元力ともいえます。さらに、企業が永続するためには次世代への継承を繰り返す必要があります。そのような観点では、「もちこたえる力」とは次世代へとつなぐ力となります。

なお、企業活動が、これら三つの力のうちのどれか一つにしかかかわらないということは、普通はありません。ほとんどの場合、品性資本は三つの力が複合されたものとして、企業活動に表面化するものです。

四、企業の目的は「人づくり」

企業の目的は、利益を上げて、それを株主に還元することである、という考え方が世の中に広がっています。また、納税することが、あるいは雇用を維持拡大することが目的だという考え方もあります。社会貢献（SR）を重視する考え方もあります。中には、永続すること自体が目的だとする考え方もあります。しかし、道経一体の経営では、これらの考え方をとりません。もちろん道経一体の経営でも、株主への利益還元や納税、雇用、社会貢献が企業の重要な目的であるとはしていますが、それは目的の一部にすぎません。また、永続も重要ではありますが、永続すること自体には高い価値を置きません。永続の過程が重要だと考えます。

ステークホルダー（利害関係者）論という考え方があります。ステークホルダーとは、企業と利害や立場が深くかかわるものを指します。社員、顧客、仕入先、金融機関、地域社会、国家、株主、同業者等々です。グローバル経済のもとでは、外国や外国企業も含まれます。さらに、環境問題が深刻化している今日では、地球そのものもステークホルダーの一部であると考えることもあります。道経一体の経営では、企業の目的とは、これらのステークホルダー全体に対して調和的、長期的かつ安定的に貢献することだとしています。

ステークホルダーに対する貢献にはさまざまなものがありますが、道経一体の経営では、究極の貢献を「人づくり」と考えます。しかも、ここでいう人とは自社の社員に限りません。ステークホルダー全体を、その対象と考えます。ただし、順序や重要度には差があり、自社の社員を第一の対象とします。その次に仕入先、顧客などが続きます。

廣池千九郎は「事業誠を悉《つ》くし救済を念となす」とか「創業にも守成にも苦労して人を愛す」という格言を残しました。これらの格言に見られるとおり、廣池は事業の拡大や利益を上げることよりも、人を愛し、その成長をはかることを企業の目的としました。昭和初期には、ある製造業の社長に向かって次のように指導しています。

「物をつくる工場ではつまらない。人間をつくる工場でないといけない。そして世の中には物をつくる工場はたくさんあるけれども、経営者としての使命は、人間をつくることである」
（『語録』）

ここに道経一体の経営における究極的な目的が、端的に示されています。

五、永続には経営理念が必要

道経一体の経営では経営理念を重視します。経営理念とは、その企業が何のために存在するのか、また、経営をどういう目的で、どのような形で行うのかということを示すものです。すなわち、経営理念とは企業にとって最も基本的な姿勢や考え方、あるいは価値観を示すものです。

したがって経営理念がないと、あるいはあったとしても、それが社員間で共有されていないと、企業活動はバラバラになります。バラバラな企業活動ほど無駄なことはありません。それだけに、経営理念を全社員が共有することは極めて重要となります。経営理念を明文化するだけでなく、誰もがいつでも読めるようにし、さらに全社員の意識や行動に浸透させる必要があります。

しかし、全社員が経営理念を共有することほど難しいことはありません。経営者はこのために全力を挙げる必要があります。経営理念を定め、これを追求していくことは、道経一体の経営にとって最も重要かつ基本となるだけに、経営理念には経営者の熱い想いを込める必要があります。そして、全社員が共有し、長期にわたって追求していくからには、高尚で普遍的なものでなくてはなりません。それだけに経営理念には、経営者の品性が強く表れます。

なお、ごく少数の社員しかいない場合、もしくは社員とは事実上自分一人であるような場合でも、経営理念は必要です。それどころか、多数の社員がいる場合以上に経営理念が重要になります。なぜなら、社員数が少なければ、経営者は経営理念を都合によって安易に変更することができるからです。しかし経営理念を安易に、また頻繁に変えては、その意味がありません。経営者が自身を律する意味でも、経営理念は大切です。

道経一体の経営では、目的そのものではないものの、企業の永続性を重視します。永続的に継承されるべきものの中で、最も重視されるものが経営理念です。創業者を中心として、代々の経営者の熱い想いが経営理念の中に秘められているのです。それを忠実に引き継いでこそ、企業の永続性が実現されるのです。

なお、経営理念は、内容そのものよりも、継続させ、かつ実行することのほうが重要であるといえます。いくら立派な経営理念でも、いわゆる絵に描いた餅《もち》では意味がありません。実行することによって、はじめて効果が出てくるのが経営理念です。

廣池千九郎は、事業を始める前に自らの品性をつくることの重要性を強調します。たとえば、「品性を造らないで事業を始めたらあと戻りが多い。（中略）品性を造ってから事業を始めたらあと戻りしません」（『語録』）と述べています。経営者の品性は、経営理念にはっきりと表れます。道経一体の経営において、経営理念が重視されるゆえんです。

六、「三方よし」は「七方よし」

「三方よし」とは、「自分よし、相手よし、世間よし」という近江商人の行動原理として世の中に知られていますが、そもそもこの言葉を使い始めたのは、廣池千九郎と門弟の経営者たちでした。廣池の説く「三方よし」とは、単に自分、相手、第三者の間で、全体の売り上げや利益、あるいは負担などを分け合うということではなく、それにかかわるすべての人が調和し、利益を得るというものです。

人間は一人では生きていけません。人間とは社会性を持ち、さまざまな集団に属しながら、相互依存・相互扶助の関係に支えられることで、はじめて生きていけるのです。同様に企業も、自分だけで事業活動を行うことはできず、広い関係性の中で活動しています。関係性を構成する要素がステークホルダーです。すなわち前述したとおり、社員、顧客、仕入先、金融機関、地域社会、国家、株主、同業者等々です。この意味で、「三方よし」とは三方だけの関係に限定されるものではありません。

たとえば、廣池は次のように「七方よし」ともいえる経営法を述べています。

「完全なる経済学及び経済組織は、必ずや㈠自己、㈡使用人、㈢原料もしくは商品の仕入先、㈣販売先、㈤需用者、㈥一般社会〈需用者の喜ぶことにても一般社会を害することあり。故《ゆえ》に需用者と一般社会との利害必ずしも一致せず〉及び㈦以上全部を統制するところの国家に対して、その各方面がおのおの相当の利益を得るごとくに組織されておらなくてはならぬのであります」（『論文』⑧）

「三方よし」を無視して、自社の利益のみを考えて事業を行えば、一時的には成功、あるいは大成功することがあるかもしれません。しかし、そのような経営は決して長続きしません。企業の永続性や持続的発展を念頭に置くと、ステークホルダーの全体に配慮した経営を行わざるを得ないのです。なお、このような経営法は、必然的に急成長や急拡大を戒めていることに注意を払う必要があります。

道経一体の経営では、ステークホルダーのそれぞれを自らの「恩人」であるととらえ、それぞれに対して義務と責任を果たさなければならないと考えます。これが「感謝・報恩の経営」です。したがって、経営理念にもその点が反映されていることが望まれます。

七、経営者の使命と役割は品性をつくること

組織の精神は経営者から生まれ、組織は経営者の器以上には決して発展するものではないといわれます。また「会社の九九パーセントは社長で決まる」という言葉もよく耳にします。このように、会社が経営者次第で決まるからには、経営者の品性こそが最も鋭く問われることになります。そのため、経営者は自らの品性を高めることに全力を尽くす必要があります。それが経営者の最も重要な使命と役割になります。

廣池千九郎は、不道徳的な取引先に悩んでいたある経営者に対して、次のように説きました。

「花は決して自分から蝶《ちょう》や蜂《はち》を招こうとはしなくても、自然と蝶や蜂がよってくる。あんた

のところには、蠅《はえ》が集まってきた。臭いものに蠅が集まるようなものだ。あんたは精神が腐っているから、ちょうど臭いものに蠅がたかるように、悪い取引先しかつかないのだ。招かなくても、蝶や蜂が集まるような品性をつくらなければいかん」（『語録』）

さらに、売掛金を回収できないという、ある人の相談に対しては、次のように語っています。

「あなたが手形で売って、まだ金を払わないという人が出来るということは、相手も悪いだろうけれども、そういう人と交際をして、事業を経営せねばならないというあなたと同じ運命の者同士が、より合っておるんだ。それを方法だけを研究してもだめだ。根本的な自分の運命を改善していくということに、努力してゆくことが、先決問題である」（『語録』）

また、次のように経営者の使命と役割を述べてもいます。

「事業経営の眼目は、まず最高品性を造り、次に神の慈悲心をもって使用人、仕入先およびお得意の三方面の人々の前途を思いやり、これを最高道徳的に開発しもしくは救済する心にてこれに努力するにあり。事業の発展など考うるは本末を失するものなり。ことに使用人の前途を考えず、単に物質と娯楽とをもって利己的本能に投じてこれを使役するごときは、最も陋劣《ろうれつ》なる行為なり。真の慈悲心にて使用人の前途を思いやり、その最高品性を完成せしむるに至らば、内部の者まず一心同体となり、いかなる大業も成就し、いかなる困難にも打ち勝つを得べし」（『語録』）

経営者の品性をつくるとは、前述のとおり、蝶や蜂が自然と集まってくる「慈悲・至誠・円満・公平なる人格」をつくることにほかなりません。経営者の品性が高まっていくにつれて、顧客や取引先のみならず、社員からも徐々に信頼され、尊敬されるようになります。そして、求めなくても自然にすばらしい人たちが集まってきて、名誉、利益、財産、高い社会的地位などが結果として得られることになるのです。道経一体の経営を志す経営者は、自ら品性という種を蒔《ま》き、それを育て、ついには好運命を得ることができるような人生を全うしたいものです。

第二章　顧客づくり・モノづくりと致富の経営

――生産過剰の場合でも、善い物だけは必ず売れ行くなり

――利を射らずして、富を致すの術を行う

一、顧客満足（ＣＳ）がマーケティングの目標

「徳とは他人の心に喜びを与うることなり」（『語録』）。これは廣池千九郎の顧客観であるといえます。「顧客に心から喜んでいただくこと」は徳を積むことであり、事業経営を通じた道徳実践の趣旨といえましょう。企業は顧客との関係を通して社会や国家に貢献するのが本筋であり、マネジメントの父・ドラッカーは「事業の真の目的は顧客を創造すること」と述べています。顧客を開拓し、獲得し、維持していく「顧客創造」、すなわち「顧客づくり」は経営の基本であり、企業の存在を支えるものだからです。顧客の創造と関係づくりのために、どんな会社も自社の商品・サービスについての広告・ＰＲから、受注、販売、メンテナンス、アフターケアなどまでの一貫した営業活動を展開しています。近年ではこうした営業活動全体を指して、マーケティングと呼ぶことが多くなっています。

営業活動は、対象によって「攻め」と「守り」の二つに大別できます。攻めの営業は新規顧客の開拓であり、守りの営業は既存顧客の保持と拡大です。ある顧客がいつまでも「お得意様」であり続けることなどなく、新規顧客の開拓を怠っては、会社は永続できません。しかし、

新規顧客開拓にかかる費用は既存顧客保持の数倍といわれます。したがって、経営資源の乏しい中小企業においては、また、利益を重視する立場からいえば、既存顧客保持にも十分に力を尽くすことが必要です。

既存の顧客を保持し、少しでも拡大していくには、「顧客満足」（CS：Customer Satisfaction）が必須です。そのためには、顧客一人ひとりとの対話とコミュニケーションを通じて、ニーズ（必要＝足りないもの）やウォンツ（欲求＝あったら良いもの）を引き出し、それに応える商品やサービスを提供することが求められます。その際、顧客にとって、自社の商品やサービスはどういう価値があるのかを深く考えることが大切です。顧客が望むものは、商品そのものというより、その商品が与えてくれる「便益（ベネフィット）の束」であり、その便益の束によって得られる安心・満足・喜びです。顧客は「自分にとって役立つ何か」や「自分の問題を解決すること」に価値を感じ、満足料や喜び料、安心料としての代価を支払うのです。

顧客が安心・満足・喜びを得るには、営業する側の情報発信も必要です。「商い《あきな》」は英語でコマース（commerce）といいます。コマースの本来の意味は「人と人との交わり」のことです。そして、マーケティングの使命は、対面での人的交流やインターネットなどの情報ネットワークによって、人の輪と和を広げ、市場に「心のつながり」を形成し、発展させることにあります。そのためには、自社の商品・サービスの価値をきちんと伝える「プレゼンテーション力」が求められます。さらに、顧客の価値観やニーズの移り変わりを見抜いて、潜在的ニーズやウォンツを引き出して、問題解決の方法や新しい価値を提案する「コンサルテーション力」が求められます。廣池は販売にあたって、顧客に十分に説明することの重要性を各所で訴えていますが、プレゼンテーション力とコンサルテーション力とは、この説明力であるともいえます。

また、顧客は必ずしも賢明な「神様」ではありません。強い立場にはいますが、必ず悩みや迷い、あるいは問題を抱えているものです。したがって、顧客に役立つあらゆる情報を分かりやすく提供しながら顧客を育成していくことが期待されます。「顧客育成」というと、顧客満足を獲得しながら顧客の段階を自社の信奉者にまで高めていくような育成が一般的ですが、社会全体の利益や幸福の実現という視点に基づいて、顧客の道徳性を高めていくような努力も必要です。顧客の期待や要求水準には際限がなく、顧客満足の追求だけでは、貪欲《どんよく》への煽動《せんどう》と顧客自身の道徳的低下を招くだけに終わりかねないからです。このため、廣池は顧客の道徳性向上に役立つことを重んじ、「事業の三方面を道徳化す」と題して、次のように述べています。

「一、仕入先　良品供給を受く。代価猶予を受く。こちらの道徳心を徹底さすること。

二、使用人　これができぬくらいで何ができるか。今栄えても数年ないし数十年の後は亡《ほろ》ぶ。
三、お得意様　商人は良品を安く。（中略）説明をなすこと。工商ともに。商人が良品を説明して売ることは、工業家と社会とを益することとなる。（中略）お客に売る心よりお客を救う心」（『語録』）

二、販売（セールス）は品性に帰着する

マーケティングの根幹をなすのは、いうまでもなく販売（セールス）です。いくら高度情報化時代といっても、販売が成功するか否かを最終的に決定する要因は、売り手の人間性です。販売の決め手は、労をいとわず、心を尽くし手間をかけ、細かい注意を払い、ゆとりをもって、徹底して顧客の立場に立って努力することにあります。すなわち、「品物を買っていただく前に、自分の人柄を買っていただく」という、熱意と真心です。廣池千九郎は「畢竟《ひっきょう》、従来の広告や、政策や、おせじにて仕入れと売り込みをすることを、最高道徳にては、自己の最高品性にて仕入れをも売り込みをも行うことにするなり」（遺稿A）と述べ、売買の根幹を人間の品性に帰着させています。「あなたの会社なら」「あなたの商品なら」と、顧客に「なら」と言わし

めるような高い品性を具備することが求められます。そして、過剰な景品、饗応《きょうおう》や娯楽政策、あるいは誇大な宣伝広告による急速な販売拡張は避け、無理せず、焦らず、堅実に、一軒一軒、一人ひとりのお客様を心から大切にします。

また、「値決め」（価格設定）は販売を左右する重要な施策です。それどころか、「値決めは経営である」ということもできます。一般的に商品には市場価格があり、値決めの参考にしますが、利幅を抑えて量を多く売るか、利幅を大きくして少量で商売をするかを巡って、無限の選択を行います。昨今は世界的な価格破壊の時代であり、低価格化とコスト削減の圧力はますます高まっています。そのために、ムリ・ムダ・ムラを省くなど、徹底したコスト削減努力が必要なことはいうまでもありません。しかし、道経一体の経営では、いたずらに低価格で勝負したり、薄利多売を行ったりしません。廣池は、東京のある製菓業の経営者に対して次のような指導をしました。

「物をつくるにも売るにも、名物になるような良い物をつくりなさい。最高級品ではなく、大衆向きの中級以上でその中でも上物《じょうもの》をつくりなさい。それに薄利多売はつまらぬ。骨折り損のくたびれ儲けだから、安く売ってはいけません。厚利小売《こうりしょうばい》（利潤の多い物を少量売ること）をするのです。そして、〝説明をすること〟が大切です。説明は、新聞やラジオ、印刷物ではなく、口から口へと伝わるようにすること。なぜかというと、こちらが道徳的で道徳を実行している品性の善い者であれば、相手に感じさせる何ものかがあるはずだからです。一、良い物をつくること。一、薄利多売でなく厚利小売。一、説明をすること。この三つを実行すれば、三年で運命が開きます」（『語録』）

ここでいう「品性の善い者が説明をすること」とは、販売という行為を通じて、顧客の「信用」を構築することを指します。信用はＱＣＤ（品質・コスト・納期）を厳守することだけでは得られません。必ず人を介する必要があるのです。万一、顧客から苦情があったときは、全社的に深く反省し、それを感謝して受けとめ、迅速・確実に誠意をもって対応することが必要です。顧客にとって、苦情を言うことは大変なエネルギーを要しますから、苦情を言ってくださる方こそ、真に自社を思ってくださる顧客として大切にすべきです。顧客の苦情は、現状をカイゼンする材料となるだけではありません。そこには新たな商品を開発するための貴重なヒントが含まれています。苦情を「宝」と思い、事の大小にかかわらず、一つひとつに真摯《しんし》に対処して解決していくこと、そこからはじめて信用と信頼が築かれていきます。

三、革新（イノベーション）こそモノづくりの使命

すべてのモノには「徳」があります。モノづくり、すなわち生産とは、モノの中に含まれる潜在的な「徳」と人間自身の徳を結合させて、新しい意味や価値を創造する営みのことです。これには、品性資本の三要素の一つである「つくる力」が要求されるのはいうまでもありません。新たな意味や価値を創造することは芸術ともいえますが、モノづくりが芸術と異なるのは、発想の原点が人間のニーズにある点です。人間のあらゆるニーズを満たすため、大自然の万物と人類がこれまで生み出してきたモノ・技術とを結びつけ、社会の持続的発展を支える創造と革新（イノベーション）をなすことこそが、企業の生産活動の根本的な使命です。廣池千九郎は「天然と人為とを調和して併《あわ》せ用《もち》う」（『論文』⑨）と述べています。

イノベーションの父と称せられた経済学者・シュンペーターは、企業家精神を「変化と冒険、困難を好み、新結合を遂行する行為」ととらえ、「創造的破壊」を唱えました。そして、この創造的破壊は、①新しい生産物（製品）、②新しい生産方法（技術）、③新しい資源と材料（原料）、④新しい市場、⑤新しい組織を開発し、導入することによって生み出され、その源泉は

既存の物事を新しく組み合わせていく「新結合」にあると述べています。現代のような成熟した社会においては、イノベーションは不可欠であり、特にモノづくりに携わる企業には、「つくる力」としての企業家精神の発揮が望まれます。

廣池は、このような企業家精神は一朝一夕に発揮できるものではないことを、次のように述べています。

「およそ一事業を成功するに、ただ単に他人の教授せし方法を採用するのみにて足るものではないのであります。神明を感動せしむるだけの至誠と、永久不変の忍耐力を積みて、はじめて妙境《みょうきょう》に到達するを得べし。すべて何事にても少しばかりの苦心、労力、費用等にて、簡単に一工場の盛衰を決するごとき大事業が成功するなどと思いしは、大なる最初よりの誤謬《ごびゅう》ではありますまいか」（『語録』）

経営者は、どんな困難な状況に直面しても、自ら掲げた目標を必ず実現するのだという覚悟と信念を持ち、継続的にイノベーションの機会を見つけなくてはなりません。そして、必要な場合にはあえてリスクをとり、不撓不屈《ふとうふくつ》の精神をもって目標の実現を目指します。こうすることによって、さまざまな苦境を乗り越え、最後に成功することができるのです。

四、品質を重視する経営

モノづくりにおいて、最も基本となる三要素はＱＣＤ、つまりクオリティ（品質）、コスト（費用）、デリバリー（納期）ですが、道経一体の経営ではとくに品質を重視します。品質が安定せず、不良品が多ければ、コスト削減や納期短縮が意味をもたないからです。とはいっても、高品質を追求するあまり、コストや時間をかけすぎては、過剰品質や納期遅れとなり、顧客の要求を満足させられません。そこで、ＱＣＤ三者の調和をはかっていくことが必要になります。この三要素の調和とは、まさに「三方よし」であり、そのためにはモノづくりに携わる人の高い品性が求められます。

廣池千九郎は、「天然のものでも、人為のものでも、これに対して加えたところの勢力（エネルギー）の多少がそのものの良否を別《わか》つ標準となっておる」（『論文』⑧）といいます。そして、モノの品質については、そのつくり手である「人間の苦労とその結果とは比例する」、したがって「すべて卓越せる器物は夥《おびただ》しき人間の苦労を重ねたる結果である」（同）と述べています。まさに「質を尊《たっと》び量を次とし労を積み大成す」（『格言』）が、道経一体のモノづくりの行動原理となるのです。

また、廣池は、次のような教訓を残しています。

「今の人は、ただ自分を売り出すことのみを主として、自己の最高品性を作ることを怠り、また自己の品物を売る方法のみを計画して、その品物を必ず売れるような性質に、作り上ぐることを知らず。孔子も〝沽《う》るよりは作れ〟という意味のことを『論語』に申してあります。生産過剰の場合でも、善い物だけは必ず売れ行くなり」（『語録』）

廣池は、①まず高い品性をつくり、②その品性に基づいて品質の良いモノをつくり、③高い品性の人がつくった良いモノを顧客に直接対面して十分に説明する、という順番を重視します。そして、それができれば、たとえ生産過剰・供給過剰であっても「売れ行く」と断言しています。さらに、「物品の仕上げと申すは、工業家ならば、仕入れた原料に自分の魂または生命を入るることである。商業家ならば、農家または工業家より仕入れたる商品に研《みが》きをかけて、魂または生命を入るることである。従来の工商業家は、この大切な品物を生かして、生命を入ることを知らなかったのです」（遺稿A）とも述べています。廣池のいう「良いモノ」とは、単にお客が良いと感じる商品・製品のことではなく、つくり手の魂が込められたモノであり、その品性が乗り移ったモノを指すのです。

さらに、現代におけるモノづくりには、製造物責任（ＰＬ）を果たすことはもとより、環境に配慮することが求められます。設計から販売、消費後の回収・廃棄に至るまで、リデュース（廃棄物の減少）、リサイクル（廃棄物の循環）、リユース（長持ちさせ繰り返し利用すること）の「３Ｒ」を考慮したモノづくりが求められているのであり、そのためには環境負荷を最小にするような技術開発が要求されます。そのようなモノづくりは、つくり手個人の思いだけでは実現しません。現場をはじめ、全社が一体となった組織的な取り組みが必要となるのです。こうなると、全員で問題点を発見し、解決法を模索し、仕事の質を改善する「共同学習」という考え方が不可欠です。場合によっては顧客との「協同作業」も必要になります。この積み重ねによってＴＱＣ（総合的品質管理）やＴＱＭ（総合的品質経営）が実現され、ＱＣＤの調和をはかることができるのです。

五、利は「もと」にあり――仕入先

顧客や社員への配慮を重要視しない人はいませんが、ステークホルダーの中で、後回しにされたり、軽視されがちなのが「仕入先」や「協力業者」です。昔から「利はもとにあり」といわれます。松下幸之助は「利益は上手な仕入れから生まれてくる」とし、「お互い商売を営む者は、良い品物を安定的に供給してくださる仕入先を求め、その仕入先を、品物を買ってくださるお得意先と同じように大切にしていくことが肝要」と述べています。最近では、競争激化のあまり、納入業者を安く買い叩《たた》く、優越的地位の濫用ということが社会問題となっています。自社の利益のために仕入先や協力業者に苦汁をなめさせるのは、「利はもとにあり」とは逆の行為であり、これでは信頼関係や協力関係はおろか、継続的な取引関係も築けません。

自社が購入する立場においては、「くささず、ねぎらず、よらず」（『抜粋集』）を原則に、常に仕入先の立場も慮《おもんぱか》って、「売るにも買うにも争わず他人を尊重す」（『格言』）の精神で対処したいものです。欲で接すれば相手も必ず欲で返してきます。しかし、仕入先を顧客同様に大切にしていけば、そこにはおのずと信頼関係が生じます。そして、ひとたび何かが起こった場合にも、仕入先や協力業者が「御社のためなら！」と懸命に知恵を絞り、共に汗をかいてくれる関係ができるのです。

廣池千九郎は、「売り込みが一番容易であって、仕入れと仕上げとが一番難《かた》いのです。良い品物の仕入れができて、仕上げができれば売るのは容易であります。しかるに従来の工商業家は、ただ売ることにのみ苦心しておるから富を成し得ず、たまたま富を成しても、早晩没落するのであります」（遺稿Ａ）と述べ、販売より仕入れが重要であることを説いています。また、「工業上の材料もしくは商業上の商品の仕入れをなすにも、道徳的なる人の手より確実且《か》つ比較的低廉《ていれん》なる良品を買い入れ得るようにすることが肝要であります。万一、かかる道徳的なる仕入元と結合することが出来たならば、その品物を売り出すことは容易でありましょう」（『論文』⑦）とも述べ、道徳的な仕入先と取り引きすべきことを説いています。道徳的な仕入先と取り引きをするには、自社が道徳的である必要があります。どんなに厳しい経済環境にあっても、共に栄え、共に続いていける、共存共栄のパートナーシップを築いていきたいものです。

六、競争と共生——同業者

企業間競争が激化する今日、同業他社だけでなく他業界の企業との競争も激しくなっています。この競争は市場で行われるため、「市場競争」とも呼ばれますが、市場のグローバル化が進展するにつれて、国際的な市場競争も激化しています。一方、地球という限られた場においては、各企業が共存共栄のネットワークを築いておのおのが生き残りをはかり、持続的な発展を目指す「共生」という考え方も必要になっています。

競争はラテン語でコンペテーレ（competere）といいます。「コン」とは「共に」、「ペテーレ」とは「競う」の意味で、社会共通の理想を求めて共に競うことです。また、共生とは、社会の人々が安心や幸福を得て、共に生きるような状態を指します。そのような共生社会を目指し、企業は生産者として資源を節約しながら、より良い製品を安く消費者の手元に届けるよう競い合います。これはいわば、消費者や顧客への奉仕競争です。その結果として、顧客や消費者が利益を得ることになります。その状態を共生というのです。すなわち、競争は共生社会の実現という目的のための重要な手段なのです。

自然界においては、生物はみな厳しい自然環境に耐え、おのおのが必死に生きており、これが周囲の生物との競争や共生を生み出しています。そのような環境に適合できるものは存続し、適合できなかったものは没落していくという「適者生存」の掟《おきて》が厳然と働いているのです。また、自らの生存に必要な分量以上の糧《かて》を求めて他者へ危害を加えたり、共生の枠組みを超えて自分だけが異常に繁殖するようになると、おのずから破滅を招きます。

経済社会も自然界と同様であり、企業は市場という厳しい環境の中で生きる生物ともいえます。自社の繁栄しか考えない利己主義の企業は、一時隆盛をほこっても、いずれ没落の一途をたどります。賢明な企業は、顧客や消費者の利益をはかろうとする「利他」の精神を持っているものです。そして、競争相手である同業他社に対しては、これを自社をみがき上げてくれる砥石《といし》ととらえて尊重する「互敬」の精神を持っているものです。この利他と互敬の精神をもって業務にあたれば、顧客や消費者が自社を支持してくれ、自分は適者として存在し続けることができます。競争に勝つということは、ライバルである同業他社を打ち負かすことではなく、顧客や消費者から「選ばれ続ける」ことなのです。

廣池千九郎は共生と競争について、次のように述べています。

「（前略）㈣自己もしくは自己所属の団体とその利害を異にするものに対してみだりにこれを圧迫することなく、及ぶだけその生存の途《みち》を開き与えて共栄の方法を講ずること、㈤すべて慈悲の精神を持し、不自然なる競争によらず、（中略）進化の法則たる真のストラグル・フォー・エグジステンス（struggle for existence）によりて漸次に大自然の道徳律を踏みつつ、勝ちを制する方法を講ずること」（『論文』⑧）

七、財務の基本――入《い》るを量《はか》りて出《い》ずるを為《おさ》む

経営のあらゆる活動にはカネの流れがついて回ります。したがって、経営者は常にそれをつ

■ 貸借対照表 ■

借方（運用）

流動資産	当座資産
	棚卸資産
	その他の流動資産
固定資産	有形固定資産
	無形固定資産
	投資その他の資産
繰延資産	
総資本（資産合計＝総資産）	

貸方（調達）

流動負債	負債
固定負債	負債
資本金	純資産（自己資本）
法定準備金	純資産（自己資本）
その他剰余金	純資産（自己資本）
負債・純資産合計	

かんでおく必要があります。カネの力や動きを数値で示すのが財務指標であり、それを適切に管理するのが財務管理です。そして、財務管理で最も基本になるのが安全性、収益性、成長性、効率性の四指標です。

　安全性は財務面での健全度や安全度を示すものであり、その企業の「もちこたえる力」を示します。それが最も端的に表れるのが、貸借対照表の自己資本比率です。自己資本比率は総資本（資産合計＝負債・純資産合計）に対する純資産合計（＝自己資本）の割合を示します。道経一体の経営では無借金経営を推奨しますから、自己資本比率は高ければ高いほどよしとします。ただし、高い自己資本比率を維持することにこだわり、保守的すぎる経営にならないように気をつける必要があります。

収益性は損益計算書の売上高経常利益率に代表されます。その数字も高ければ高いほどよいわけですが、少なくとも、毎年黒字になるよう心がけなくてはなりません。収益面での管理の要諦は「入《い》るを量《はか》りて出《い》ずるを為《おさ》む」（『礼記』）であり、これは財務管理の基本を貫く根本原則でもあります。すなわち、まず収入額を計算し、その額以内に支出を抑えることです。企業でも、人でも、利益を生む原理は単純であり、この原則に尽きます。誰もが分かっていることですが、これを守る人や企業は多くありません。むしろ、その逆を行うことのほうが多いのです。今日、ほとんどの先進諸国が財政で苦しんでいる理由もここにあります。廣池千九郎は次のように述べています。

「現代世界各国にて採用しておる財政学、ならびに財政に関する年々の国家予算の組み方は、聖人の教説と正反対であるのですから、いずれの国の中央政府の財政も、地方の財政も、会社もしくは個人一家の財政も、みな困難に陥ってきたのであります」（『論文』①）

企業は支出、すなわち経費を元にして収入、すなわち売り上げを計画すべきではありません。はじめに売り上げを計算し、その範囲内で経費が納まるように計画すべきです。しかし、売り上げを正しく予測し、計算するのは難しいことです。なぜなら、売り上げを決めるのは最終的には顧客であり、市場だからです。やってみなければ分からない、というのが売り上げです。

一方、経費を計算することは容易です。しかし、多くの企業にとって、経費の多くは人件費を中心とした固定経費であるため、計算するのは容易でも、削減が難しいという性格を持っています。

したがって、道経一体の経営では、売り上げが計算どおりにいかなくても収支が償《つぐな》うようにと、採算分岐点を下げることに努力します。すなわち、常に余裕をもった経営を行うことになります。松下幸之助はこれを「ダム経営」と名づけました。

一般に、成長性も高いほうが望ましいとされています。しかし、安定成長期にある現今の日本では、急速で著しい成長性の実現は望むべきではありません。無理の少ない経営を心がけるべきなのです。むしろ、樹木が年輪を重ねていくように、少しずつではあっても、必ず毎年伸びるような経営を目指しましょう。なお、効率性が高いとは、資金や人の動きに無駄がないことを意味しますから、高い効率性は収益を上げる根本になります。これは人やモノ、あるいはカネが本来持っている「徳」を生かすことになりますから、道経一体の経営でも重視します。

八、納税と感謝・報恩の経営

どんな企業も有形無形の多くの社会的基盤、すなわち「公共財」を利用して活動しています。たとえば、道路、通信、交通機関、法律、商習慣、警察、消防等々、数え上げればきりがありません。これらのほとんどは国家・社会によってつくられ、維持されています。私たちはその多大な恩恵を受けてはじめて存在し得るのです。そして、国家・社会は財務的には税収によって存立しています。税収なくして国家なしです。したがって、企業にとって利益を上げ、それに応じた税金を納めるのは、道徳というよりも義務です。

世間に蔓延《まんえん》する「税金を取られる」などという意識を捨て、納税を感謝・報恩の心で行うことを、道経一体の経営では重視します。税務調査を行う税務職員は、国家を代表する恩人の一人と考え、見解の相違や疑義を明確にしながらも、感謝と報恩の心で納税するのが道経一体の経営です。過剰な納税をする必要はありませんが、いわゆる「節税」がいきすぎると、脱税という犯罪行為に向かう傾向があることを心得ておく必要があります。

なお、廣池千九郎は納税の精神について次のように述べています。「国家の租税でも、たとい過当不合理のものあると思いましても、これを国家伝統に献じて、祖先以来の天恩に報ずるものなりとの至純至誠の観念にて上納すれば、たとい立法官、税務官の善悪如何《いかん》によらず、こちらはこれによりて開運するものである」（『教訓抄』）。ここに見る「国家伝統」とは、「国家という恩人」といいかえることができます。道経一体の経営では、国家を個人や企業にとっての最大の恩人とみなします。

正しく納税することによってはじめて、企業の自己資本比率が高まり、それによって企業の安全性が高まります。そして、これによって企業の「もちこたえる力」が高まり、ついには永続が可能になります。つまり、納税を積み重ねることによって永続があるわけです。なお、納税だけが国家・社会に感謝し、報恩する道ではありません。企業の社会貢献（ＳＲ）には納税だけでなく、町づくり、地域活性化、環境保護、文化支援など、さまざまな形態があります。現代の道経一体の経営では、このような社会貢献をも重んじます。

九、借金と債務保証を戒める

道経一体の経営では、量よりも質を重視します。量・質共にいろいろな観点がありますが、その典型は財務面に表れます。たとえば基本的には、売上高よりも利益を、さらに利益額そのものよりも利益率を重視します。いずれも規模や見かけよりも、実質を重視するという考え方です。

そのため、各種財務指標では自己資本比率、対売上高利益率、付加価値率、一人当たり売上高などの「率」を重んじることになります。とくに中小企業の場合、規模の拡大を目指すよりも、質の向上を目指すことのほうが重要となります。中小企業の強みは量ではなく、質にあるからです。

したがって、道経一体の経営では借金をすることを戒めます。借金は規模を実力以上に大きく見せかけます。借金とは自己の力以上のことを成し遂げようとして、他者の力を借りる行為といえます。これを道経一体の経営では「無理の経営」とみなします。無理は理にかなわないことですから、いつかは破綻する元になります。廣池千九郎は「無理の経営」を戒めて、次のように述べています。

「くどいようであれど重ねて申すが、第一に注意すべきことは、自分の力以上のことをして無理せぬようにすべし。すべての無理は、己《おの》れを害し、人を傷つくるに終わるものにて、皆《みな》無慈悲、無誠実なる不道徳漢の行為に当たるのであります。すべて正《まさ》に持久的に進む方針を執《と》るべし」（『語録』）

借金は急ぐことから生まれるともいえます。設備投資や先行投資のために借金をするのは、時間を無理に短縮する行為でもあります。時間をかけて自己資本を蓄え、それが十分な額に達したところで投資を行うのが、道経一体の経営の原則です。それを何らかの理由で待ちきれず、焦って、急いで無理に達成しようとする行為が借金ともいえます。

日本では借金をするに際して、経営者が個人保証することを求められます。さらに、それでは保証が不十分であるとして、第三者に連帯保証が求められる場合もあります。しかし、個人保証という慣習には問題があります。とくに連帯保証は無理な行為です。その企業に不信感を持つから、金融機関は個人保証を求めるのです。それでも信頼できないために連帯保証を求めているのですから、連帯保証とは無理に無理を重ねる方法です。道経一体の経営では、自分が連帯保証をすることも、他人にそれを求めることも厳に戒めています。

現代は急成長とか、時代の先端を行くなどの「急ぐこと」を高く評価する傾向が強くあります。しかし、この傾向が好況・不況を生む原因の一つであると、道経一体の経営では考えます。急成長を目指した末に不況になり、そのために停滞、退潮、失業、倒産、混乱などが起こることを考えると、むしろゆっくりと確実に成長するほうが結果として早道なのです。

廣池は次のように言います。「殊《こと》に近来の流行語たる尖鋭化《せんえいか》とか、尖端を行くとか、モダン何々とか、レコード破りとか、スピード時代とかいうような事は最も幼稚な人間の本能に投ずるモットー（標語）であるので人間の安心、平和および幸福実現と正反対の行為を煽動《せんどう》する人々の主張する政策に過ぎぬものであります」（『重要注意』）。

十、致富《ちふ》の経営——真の富とは無形の徳なり

企業にとって、利益が極めて重要であるのはいうまでもありません。利益が出ない経営を続けていけば、負債が増大し、やがて企業そのものが存続できなくなるからです。したがって、道経一体の経営でも利益を重視します。どの程度の利益が出るのがよいかは、業種・業態によって、また規模によっても異なります。

しかし、利益を生むこと自体が企業の目的であるとは考えません。企業の目的とは、究極的にはその企業にかかわる人々の「人づくり」です。道経一体の経営では、利益はそのような人づくりの結果として、自然に生まれてくるものだと考えます。結果という観点に立つと、利益は「経営のカス」とも表現できます。日々の企業活動の結果として、自然に貯まったカスとい

う考え方です。カスをつくることを目的とするのはおかしなことです。自然に利益を生むことを廣池千九郎は「致富《ちふ》」と呼び、「利を射《い》らずして、富を致《いた》すの術を行う。無形の徳を生ず」（『歩み』）と述べています。すなわち、利益を直接の目的とせず、顧客づくり、モノづくり、人づくりをしっかり行って、結果として利益を得る（儲かる）ことが真の富であり無形の徳を得ることだと説いています。

　健全な企業活動を行っていれば、必ず利益は出るはずです。利益が出ないということは不健全な活動をしていたことを意味します。したがって、赤字が継続するような場合、経営者はどこに不健全な点があるかを見抜き、素早く対策を講じて、健全な経営に戻さなければなりません。また、道経一体の経営では、利益を出すことよりも、その利益をいかに使うかを重視します。最悪の事態に備えて利益を蓄積するとともに、自社の未来をつくるために「未来投資」をするなど、使い方に苦心します。廣池は「金を儲けることはかえって易《やす》いが、これを善いほうに使うことが難《かた》いのである」（『語録』）と述べています。お金の善い使い方とは、会社にとっての大小さまざまな恩恵に対する報恩行為、道徳的な人づくりとそのような事業への支援、あるいは地域社会、国家・公共の福祉を道徳的に増進する事業への支援などです。その積み重ねが会社としての徳、すなわち「社徳」を積むことになり、真の富を得て永続を期す「致富の経営」につながるのです。

廣池は言います。「真の永久的致富の法則――金を儲けるということと富をなして子孫に伝うるということとは大《おお》いにその原理を異にす。金を儲ける方法は泥棒をしても賄賂《わいろ》を取っても相場をしても出来れど、それはみな永く続かぬのであります。今この天地の法則に合する行いをして事業をなせば金も儲かり且《か》つその金が子孫にまで続いて真の富を致し得るのであります」（『抜粋集』）と。

——企業の繁栄は人づくり経営にあり

——物をつくる工場ではつまらない。人間をつくる工場でないといけない

第三章　人づくりの経営

一、企業の繁栄は人づくり経営にあり

「事業は人なり」といわれるように、企業の盛衰はひとえに「人」にかかっています。人、モノ、カネ、情報という経営資源を統合し、結果としてそれらを生かすも殺すも「人」次第だからです。また、「経営（マネジメント）とは、他の人々を通じて事を成し遂げること」です。他の人々とは、まずは現場の社員のことであり、その社員を起点に縁を得た取引先、仕入先、協力業者など、かかわるすべての人（ステークホルダー）を通じて事業が成されるのです。実際の企業活動は、現場の人々が中核を担っており、その現場の人々をどのように育成するかという「人づくり」こそが、事業の成否の鍵を握っています。

企業の長期的な競争力の源泉も人材に行き着きます。中国には「一年の計は穀を樹《う》うるに如《し》くはなし。十年の計は木を樹うるに如くはなし。終身の計は人を樹うるに如くはなし」（『管子』）という諺《ことわざ》があり、日本の先人も「金を残す者は下、仕事を残す者は中、人を残す者が上」といい、いずれも長期的な視点での人づくりの重要性を説いてきました。

そもそも企業経営は、経《たて》糸と緯《よこ》糸を紡ぎながら美しい織物をつくるようなものです。経糸は、会社の生命が真っ直ぐにつながるような伝統を表し、創業者の理念や経営観、その会社の「らしさ」や「way（ウェイ）」という価値観です。緯糸は、自社がどのようなステークホルダーに囲まれ、世のため人のために貢献しているかという社会的責任を表しています。この社会的責任も大別して二つあり、一つは、本業を通じて国家・社会に貢献すること、もう一つは、国家・社会に有為な人材を輩出する、人づくりの公設機関となることです。

廣池千九郎は、企業の役割と使命を次のように述べています。

「かくて自分の家業もしくは職務をもって、自己を益するということよりは、むしろ自分の家業もしくは職務は、人心を開発しもしくは救済する一つの公設機関であるというように考えて、その職務を行い、もしくはその家業を勉励したならば、その徳の増加とともに社会の信用大いに加わりて、必ず幸福の身となり得るのであります」（『論文』⑨）

このように道経一体の経営では、事業の究極的な目的を「人づくり」に置き、「事業誠を悉《つ》くし救済を念となす」（『格言』）という考えを大切にします。「事業誠を悉くし」とは、自社の事業が国家・社会の安定や発展に少しでも役立つようにと全力を尽くすことであり、「救済」とは、数々の恩恵に感謝報恩できる心根を持ち、社会に積極的に貢献できる自立した人を育てることです。したがって、「救済を念となす」とは、自社の事業を通して、そのような人を育てることを常に念頭に置くことをいいます。自社に役立つ人間を育てていつまでも使おうとするのではなく、どこへ行っても一人前として通用する立派な社会人として育て上げ、社会に輩出することが経営者の大切な役割であることを、肝に銘じたいものです。

二、組織の品性が社徳をつくる

「事業は人なり、人は品性なり」といわれます。廣池千九郎は「人間の力を運用する原動力は人間の道徳心であります。これを譬《たと》うれば、力は船のごとく、道徳は舵《かじ》のごときものであります。その船いかに良好にして偉大なるも、その舵の用い方によりてあるいは航海を全くし、あるいは航海を誤るに至るのであります」(『論文』⑨)と述べています。会社の命運もそこで働く一人ひとりの社員の命運も道徳心次第であり、すべてはその品性にかかっているということです。したがって、企業は社員の道徳心を育て、高い品性、優れた徳を備えた人物を育てていかなければなりません。その意味で、企業は「人づくりの道場」と位置づけられます。なお、廣池は、人づくりにおいては量よりも質の良さを重視すべきであるとして、次のように述べています。

「農・工業の製産品においては、その質は不良であっても、大量を要するものがありますが、団体の成員は小数にても質の良いのを尊びます。それ故《ゆえ》に、第一に、自分が量的の人間でなく質的の人間にならなければなりませぬ。すなわち必ずしも多才多芸の人となるを要せず、奮闘的人物となるを要せず、正統の学問・知識・芸術もしくは信仰に秀《ひい》で、且《か》つ最高道徳の基礎の上に立ち、諄々《じゅんじゅん》として正しくこれを活用する人となることを要するのであります」（『論文』⑨）

中小企業においては、トップである経営者の品性が、事業全体に決定的な影響を与えますから、会社の品性である「品性資本」は、経営者の品性を中心に全社員の品性が集まったものとみなします。この全社員の品性の集合体を「組織品性」と呼び、それは単に社員個々の品性の総和であることを超えて、組織自体が持っているかのように見える品性のことでもあります。組織品性は、まず創業者の経営理念および経営者の品性が全社員に大小の影響を与え、社員がそれを受けとめながら、日々具体的に行動するさまに表れる、という観点に立っています。つまり、経営者の品性を中心にして、すべての社員の品性が醸成され、蓄えられると、企業・組織の「良き社風」、あるいは「組織風土」「組織文化」と呼ばれるものとなり、企業組織の目に見えない潜在力となるのです。

このような組織品性は、いわゆる「社徳」と呼ばれるものと同じであり、信用力とみなされることもあります。社徳を築き上げるには、経営者をはじめ全社員が事業を通じて地道に道徳の実践を積み重ねるほかありません。廣池は「繁栄の原理は、資本、経営法、人員、広告等の大小によらず、道徳の質と量とによる。かつ開運の結果による」（『語録』）と述べています。道経一体の経営を目指すからには、企業の永続と繁栄を期して、質の高い道徳をできるだけ多く実践していきたいものです。

三、つながる力――経営者が社員の親になる

経営者には、第一章で述べた品性資本の要素である「つながる力」が求められます。この「つながる力」は「人間関係力」であり、「自社や自分と何かをつなごう」という主体的な努力の継続によって生み出されます。

「何とつながるか」ですが、社員をはじめ顧客、仕入先などのステークホルダーすべてとつながる必要があるのはいうまでもありません。しかし、人づくりの経営においては、まず社員とつながることを考えます。「どのようにつながるか」については、道経一体の経営では、「親子の関係」を理想とします。すなわち、経営者が「社員の親になる」ということです。社員を

「わが子のように思う」ことは難しいのが現実ですが、理想をそこに置き、親子のような絆《きずな》を目標にします。

その場合、社員を「ジンザイ」としてどうとらえるかが問われ、そこに経営者の人間観が深くかかわってきます。ジンザイを単なる労働力としてとらえれば、必要なときに、必要なだけ、必要な技術を有するジンザイを採用し、いらなくなれば解雇することもいとわなくなります。これは、ジンザイを事業発展のための材料、すなわち「人材」とみなし、単に経営上の「経費」と位置づけていることにほかなりません。

一方、ジンザイを「資産」としてとらえれば、会社の財産、あるいは価値を生む源泉として大切に扱い、教育という先行・追加投資も行います。しかしながら、それだけでは、ジンザイを「事業目的を達成する手段・材料」ととらえていることと同じです。社員一人ひとりは自由意志を持った人間であり、土地や建物のように企業の所有物ではないのです。

廣池千九郎は「人間を目的にして、事業は人間を幸福に導く手段でなくてはならない。なんでも人間本位に考えて、人類の安心・平和・幸福のために事業させていただくという心になってはどうか」（『語録』）と述べ、事業の発展のために人間があるのではなく、人間の幸福をはかるために事業があるという「人間本位」の立場をとっています。したがって、道経一体の経営では、ジンザイを「人財」ととらえ、社員一人ひとりは社会から預かった大切な宝とみなします。この大切な宝を「ダイヤモンドの原石」と考えて、これを真に輝くダイヤモンドにみがき上げるのが、企業という砥石《といし》と経営者の親心です。人を育てる心得について、廣池は、①経営者は、社員の幸せを深く祈ること、②いっさいの仕事を感謝報恩の心から行うように教育すること、③人づくりは温かい心で自然にゆっくり行うこと、④深い注意とねばりつくような慈悲と、思いやりと親切心をもつこと、と説いています。なお、経営者は社員を教育するという前に、まずは経営者自身が社員の教育を通して「自分づくり」を進めるという覚悟と肚《はら》が必要になるのはいうまでもありません。

四、親孝行な社員をつくる

道経一体の経営では、事業の究極的な目的を「人づくり」、すなわち人間の品性向上に置きます。したがって、自社員が感謝・報恩の心を抱き、自らの心を育てるようにと支援し、指導することが重要です。とくに、社員一人ひとりには、親や祖先に感謝し、報恩することを教育することが不可欠です。

親孝行の究極的目標は、親に「安心」と「満足」「喜び」を与えることです。そのためには、親に対する深い思いやりと感謝の心を持っていることが前提となります。この精神は、会社活動のあらゆる面で深い意味を持ちます。たとえば、日常業務の報告・連絡・相談に際して、相手の立場に立った、深い思いやりと感謝の心があるのとないのとでは、その方法、タイミング、内容がまったく異なってきます。しかし、この精神は会社業務の中だけで培われるものではありません。むしろ、親・祖先への「孝」を通して養われるものです。

親孝行によって培《つちか》われた精神は、社内での人間関係の構築だけでなく、顧客をはじめ、さまざまなステークホルダーとの人間関係の構築に多大な影響を与えます。この意味でも、親・祖先への感謝・報恩の心を持つ社員がどれだけ多くいるかは、その会社の品性資本力を示すバロメーターともなります。今日の社会では、経営全般や社員教育に関して、「孝」を論じることはほとんどありません。こうしたことから、「孝」は会社における「隠れた徳」ということもできます。

古来、「孝は百行の本なり」（『鄭注《じょうちゅう》孝経』）といわれ、廣池千九郎は「篤《あつ》く大恩《たいおん》を念《おも》いて大孝《たいこう》を申《の》ぶ」（『格言』）と述べています。道経一体を志す経営者は、まず自らが親・祖先や「心の師」を「大恩ある人」として篤く感謝します。そして「大孝を申ぶ」、すなわち大いに孝心を発揮して報恩することに努めなくてはなりません。その後ろ姿を見せながら、「孝」の精神を社員に移し植えるように努力することが肝要です。

なお、親孝行に関して廣池千九郎は次のように述べています。

「親孝行をなした人が、まだなし足らなかったので残念であると思う心が、真の親孝行の心であるのです」（『語録』）

「親孝行は親にご安心して頂くということが第一の眼目です。たとえば薄給とりの息子が不相応なことをして親をよろこばせ、親孝行と思ってしても、親は考えます。なにか不正なことでもしているのではないかと案じます。真の親孝行は、ご安心をして頂くことです」（『語録』）

五、顧客満足（CS）と社員満足（ES）は表裏一体

世の多くの企業は顧客満足、すなわちCS（Customer Satisfaction）や顧客第一主義を経営理念に掲げています。顧客あっての企業ですから、これは当然のことといえます。しかし、顧客と日常的に接し、顧客満足を実現する当事者は社員です。現場の社員が顧客満足の鍵を握っているのです。そのように考えると、「社員づくり」ができて、はじめて顧客満足が可能になる

ともいえます。

この社員づくりは、まず「社員満足」（ES＝Employee Satisfaction）をいかに実現するかにかかっています。働く現場で満足していない社員が、どうして顧客を満足させられましょうか。社員の「やる気」が高い企業ほど業績が向上していることや、社員の満足度と業績には明確な相関関係があることなども、最近の研究によって示されています。つまり、「顧客満足」と「社員満足」は表裏一体であり、それをつなげるのが「社員づくり」ということになります。

社員満足の要素には、目に見える「物質的報酬」と目に見えにくい「精神的報酬」があります。物質的報酬には、金銭や職務上の地位向上、福利厚生などの待遇の向上・改善が挙げられます。一方、精神的報酬には、自己の成長が実感できること、他者から喜ばれ、感謝されることなどが挙げられます。マズローの欲求段階説で考えると、物質的報酬は生理的欲求や安全欲求を満たすもの、つまり社員が職務を遂行していくうえで不可欠の要因となります。これは社員満足の下の段階である「社員納得」が得られるかどうかに直結します。次の精神的報酬は、「認められたい」という承認欲求や「成長したい」という自己実現欲求にあたります。物質的報酬には限界がありますが、精神的報酬は無限に高められる可能性があります。

経営者は、物質的報酬の向上だけでなく、精神的報酬を高められるように、仕事の環境や仕組みを整える必要があります。こうしてはじめて、真の社員満足が実現できるのです。廣池千九郎は「社長というものは、儲けることに心を配るより、従業員が幸福になることの力になってやることが慈悲であります」（『語録』）と述べています。とくに若手社員には教育を施すことこそ肝要であるとし、次のようにも述べています。

「金銭物質が豊富になっても人間の一生涯の安心、幸福は決して得らるるものではありませぬ。ことに若き独身者に対して品性の教育を与えずにみだりに過分の物質を与うるごときことは、かえってその若き人の一生を誤るものであります。最高道徳は常に出来るだけ資本主側が従業員を物質的にも恵むように教えますが、しかし従業員側よりいえば経営者側が従業員側に対して品性の教育を与えてくださるほうが従業員側にとってははるかに大なる恩沢《おんたく》であります」（『抜粋集』）

さらに、社員満足をはかるだけでは、顧客満足を実現するための社員づくりとしては不十分です。高給と高福祉により社員満足を実現しているからといって、必ずしも顧客満足を実現できているとはいえない現実が多く見られるからです。そこで社員の物質的・精神的満足をもう一段押し上げる「意識変革」が必要になります。その意識とは「オーナーシップ」であり、経営者のような当事者意識、経営への参画意識です。社員が自身の勤める会社の業績や評判を他《ひ》人事《とごと》とは考えず、会社のあらゆる成功や賞賛をあたかもわが身のことのように喜び、また、業績悪化や不評をわが身のことのように憂え、現場の改善や事業の革新に向けて労をいとわなくなるよう、いわば社員に「経営者意識」を持たせるということです。このような意識は、単に社員が満足しているというレベルをはるかに超えたものであり、これこそが顧客満足と社員満足とを媒介する鍵となります。廣池は、経営者と「一心同体」になれるような社員を採用し、教育、感化を与えることが大切であるとし、次の言葉を残しています。

「いかなる事業にても、自己一人の力のみにては、なしがたきものであります。故《ゆえ》に助手・事務員・店員もしくは工員の類を傭《やと》わねばならぬのです。されば、これらの人々は全く自己の手足たるべきものであります。それ故に、まずその多数を集むるよりは、品性の善きものを集むることに注意し且《か》つこれを道徳的に感化して、自己と一心同体たらしめねばならぬのであります」（『論文』⑦）

六、社内コミュニケーション――オアシスとホウレンソウ

近年の企業内での課題の一つに「コミュニケーション」が挙げられます。その欠如や不全に

より、社内や職場がギスギスしたり、全社的なチームワークが発揮できないなどという結果になります。また、組織横断的なプロジェクトの推進に支障を来《きた》すなど、業績低下の間接要因になるともいわれています。この社内コミュニケーションとは、具体的には、まず挨拶としての「オアシス」が挙げられます。さらに、上司・部下との間で交わされる「ホウレンソウ」（報告・連絡・相談）、他部署との連携、経営者が全社員に向けて発する理念・目標・戦略の浸透、日頃の会議など、公式なものが主となります。加えて、社員同士の日常のなにげない会話、情報交流、懇親の場などの非公式なものも混在し、全体としてコミュニケーションを構成しています。

先に挙げた「組織品性」は、「明るく、肯定的で、前向きな社風」の基盤のうえに成り立っています。社員一人ひとりが協力して、この基盤づくりに努める必要がありますが、まずはじめに要求されるのが「オハヨウ、アリガトウ、シツレイシマス、スミマセン」（オアシス）という、広い意味での挨拶です。良い挨拶は、お互いの人格を尊重する心の表れであり、社内に良好な人間関係をつくる出発点となるものです。これらは、どんな組織であっても必要とされるマナーであり、会社構成上の必須事項であることはいうまでもありません。しかし、現実の会社ではこれが十分に行われているとは限りません。それどころか、この点を巡ってさまざまな問題が起こっているのが普通です。そこで、経営者やリーダー自らが「オアシス」を率先垂範し、社内に徹底させていく必要があります。良い挨拶には人の心を高揚させ、団体・組織を活性化させる働きがあります。

　次に基本となるのが、業務遂行上不可欠な「ホウレンソウ」です。これは新入社員や若手社員のみに必要なものではありません。これが全体としてうまくいっている会社が好業績を上げ、発展し、永続していくことは、容易に推察できます。また、ホウレンソウがよくできる人は、仕事もできる人であり、企業全体にとって重要な人といえます。ホウレンソウの実行には、単に技術や技能だけでなく、それを行う人の道徳性、品性が問われます。

　廣池千九郎は、物事を成就する心得として「迅速　確実　典雅《てんが》　安全」（『格言』）と述べていますが、ホウレンソウの原則は「迅速」さであり、内容や伝達方法の「確実」さです。さらに、文章や言動が相手の立場や事情を思いやった「典雅」（分かりやすさや美しさ）に欠けないよう配慮し、意図が誤解なく伝わるような「安全」さが要求されます。なお、「安全」には、情報を伝えるべき人に伝え、伝えるべきでない人には伝えないという、「伝達の基準」も含みます。このようなホウレンソウを実現するには、誠実さや謙虚さ、さらには高い能力が不可欠であり、そこには品性が色濃くにじみ出るものです。また、ホウレンソウは部下の務めであると誤解する経営者や上司は多いのですが、まず上の者が範を示す必要があります。

近年は社内コミュニケーションも様変わりしました。電子メール、イントラネット、グループウェアなどのITツールが普及し、それを介した公式なコミュニケーションが激増しています。一方、非公式なコミュニケーションは、社員個々の職務が激増している近年では、次第に減少してきているといわれます。少なくなってきたとはいえ、非公式なコミュニケーションは「対面での直接的な交流」が多く、おのおのが胸襟を開いた懇親の場などは人間関係を築く大切な機会です。仕事内容を中心とした理性的な情報伝達だけでは、相手との心理的な距離は縮まりません。感情も重視したコミュニケーションによって、はじめて真の親近感や深い信頼関係が築き上げられるのです。経営者は、非公式なコミュニケーションを軽視せず、社内の一体感を醸成するためのよき機会として懇親の場を設けるなど、その促進に努めるべきでしょう。

七、5S実践による凡事徹底の経営

近年、多くの会社が5S運動を採用して、全社的に取り組むようになりました。5Sとは、整理・整頓《せいとん》・清掃・清潔・躾《しつけ》のことであり、業務遂行上では「当たり前」と思われがちな平凡な事、すなわち「凡事」です。しかし、それを「当たり前」として軽視し、５Ｓ実行を社員個人の意識や責任だけに帰着させてはなりません。５Ｓは凡事ですが、全社的に取り組むべき重要な問題であり、どこまでできているかは組織品性の表れと見ることができます。

　さて、５Ｓの第一の整理とは、必要な物と不要な物とを区別して、不要な物を捨て、必要な物だけを職場に置くことです。次に、整頓とは、物を元の場所、あるいはあるべき定位置に戻すことです。すなわち、必要な物が誰にでも、すぐに取り出せる状態にしておくことです。第三の清掃とは、物や場所を心を込めて掃き清め、ピカピカにみがき上げることです。とくに、トイレやゴミ置き場の清掃、あるいは敷地の雑草除去など、人がすすんで掃除をしたがらない場所の清掃の意味は大きく、その効果は清掃する人自身の心の美化につながります。さらに、その人の「気づく能力」を高め、自身の品性を高めていくのです。第四の清潔とは、整理・整頓・清掃を徹底することであり、日常的に継続して得られるものです。大切な来客があるからといって、ふだん行っていない整理・整頓・清掃を大急ぎで行っても、優れた人物ほど、急場しのぎであることを敏感に見抜いてしまうものです。最後の躾とは、整理・整頓・清掃・清潔（この四つを４Ｓとも呼ぶ）を習慣化することです。習慣化していれば、いつでも、また、いかなる状況でも、自然に４Ｓが実行されます。

５Ｓの徹底は、凡事・小事の膨大な積み重ねであるだけに、これによってついた他社との差には大きな意味があります。しかし、これをたゆみなく持続することは至難です。優れた経営者ほど、凡事・小事のたゆまぬ積み重ねが偉大な結果を生むことを理解しており、会社の内外の細かい変化にも敏感に気づくものです。廣池千九郎が「持久微善を積んで撓《たゆ》まず」（『格言』）と述べているとおりです。道経一体の経営では、「微差が大差を生む」という信念をもって、５Ｓの実践を心がけたいものです。

なお、５Ｓの実行がそのまま事業の成果や業績に直接的な効果を生むとは限りません。むしろ、５Ｓは間接的効果のほうが大きいのです。すなわち、実践者の品性向上を促すだけでなく、周囲へも大きな影響を与えます。戦略やビジネスモデルは他社に容易に真似《まね》されることが多いのですが、徹底的に継続実行される５Ｓを真似ることは容易ではありません。すなわち、これこそが自社の独自性や差異化実現の本となり、真の強みを生み出すのです。

廣池は言います。「一、時間と労力と費用とを節約して、それ相当以上の利益を得んとするは不道徳なり。一、道徳は、労力と費用とをなるべく多く用い、かつ特にあくまで永遠の時間を期して相当の収穫を得んとすることとなり。一、いかなる微小のことにても善事を継続する時には永久性と偉大性とを生ず」（『語録』）と。

第四章　歴史づくりの経営

――万世不朽ということが天地の公法則であるのです

――鶴が千年の寿命を保つのは、腹八分目に食うからじゃ

一、「万世不朽」の経営

企業の存在意義や価値観、理想とする精神や行動規範などは、通常は経営理念に集約されています。世間一般では、企業の目的を利益の獲得にあるとしたり、企業の存在価値を売上規模や利益などの経済的諸条件にのみ求める企業が多くあります。しかし、そのような金銭的な価値観だけでは、すべての人々を幸せにできません。ステークホルダー、すなわち事業にかかわるすべての人々を幸福にするためには、事業の持続可能性や企業の永続性という時間軸を尊重し、一時的な成功で終わることなく永続的に発展していく必要があります。

永続を「万世不朽《ばんせいふきゅう》」といいかえることができますが、廣池千九郎はその意義と重要性について、次のように述べています。

「すべて大宇宙は悠久性を持っておりますから、人生の本質もまた永遠不変のものでなくてはなりませぬ。ゆえに万世不朽ということが天地の公法則であるのですから、すべて人間個人は長命をなし、家とか国とかすべての団体も、また万世不朽でなくてはならぬのであります」

（「大義名分の教育」）

　このように、企業は永続しなくてはならないのです。

永続していくためには「いつまでも倒れないコマ」のように持続性を追求する経営を心がけることが必要です。もしコマの芯棒が不安定で、回転スピードが遅ければ、コマは倒れます。また、スピードが速ければ速いほど、芯棒がしっかり支えていないと、遠心力に振り回されて倒れてしまいます。これを企業経営に置き換えると、中心にある芯棒が経営者と経営理念であり、回転スピードが事業のイノベーション（変革）や成長のスピードにあたります。経営理念がぶれることなく、市場や顧客ニーズの変化に適応したイノベーションを最適なスピードで実行できれば、事業を永続的に発展させることができるでしょう。これが品性資本の第三の要素である「もちこたえる力」です。

　企業の永続を目指すとはいえ、永続そのものは目的ではなく、あくまでも結果であることを経営者は認識しておかなければなりません。なぜなら永続そのものが目的化してしまうと、手段を選ばずに延命することのみをはかり、結果として道を踏み外すこともあるからです。原因のない結果はありません。企業の永続という究極の結果を得るためには、永続する原因をつくっておかなければなりません。そのためには、経営者はすべての経営資源（ヒト・モノ・カネ）を「永続」という視点で発想し、環境の変化に応じて再配分していくことが求められます。

道徳的に正しい精神と行為は、天地自然の法則に合致するので経済的にも正しい報いを受け、健康、長命、開運、子孫繁栄、一家和合という幸福の基礎的条件をもたらし、家や企業の永続の基礎をつくることができます。反対に、利己的な欲望の達成を急ぐような不道徳な経営行動や自己利益優先の経営では、たとえ成功してもその期間が短く、永続性はありません。永続を目指す道経一体の経営が、時代を超えた守成への道を歩み、万世不朽の家や企業をつくるのです。

歴史を振り返れば、急成長や急膨張したバブル企業の凋落《ちょうらく》や破綻に見られるように、個人も、家庭も、企業・団体、そして国家も、道徳によって興隆し、不道徳によって没落しています。廣池は「道徳を含まざる人間の力の結果はときに強大なるもその持続の時間短くして且《か》つ単に一部分的成功にすぎず、道徳実行の結果はたとい一時は弱小なるも永久性・末弘《すえひろ》性及び審美性を有して最後の幸福を生む」（『論文』⑨）と述べています。成功と幸福は違い、一時的な成功は力によって得られますが、幸福は道徳以外からは得られません。「道徳なくして永続なし、永続なくして安心なし、安心なくして幸福なし」です。

二、創業は易く、守成は難し

経済＝エコノミーの語源は、ギリシャ語の「オイコス・ノモス」に由来し、オイコスとは「家」、ノモスとは「法則」を意味し、英知をもって国家や企業や家業を経営するという「家政」の法則のことです。また、私たち日本人が使う「経済」という用語は、明治のはじめ、海外から入ってきた「エコノミクス」という学問の名称を日本語に訳す際、中国の「経世済民《けいせいさいみん》」という言葉を参考にしてつくられました。「経世」とは「世を治める（「経」は「治める」を意味する）」、「済民」は「民を救（済《すく》）う」という意味で、合わせて「世を治めて民を救う」、これが経済ということになります。つまり、経済とは、世を治めて民を救う「家政」の法則にほかなりません。

経済と道徳を一本の樹木にたとえると、木や枝葉は経済、根が道徳です。一時的な成功や隆盛ではなく、企業の永続を目指すためには、根にある道徳こそしっかり踏み固めておかなければなりません。そうでないと、どんな大木であっても何らかの事変が起きたときには根こそぎ倒れてしまうものです。ビジネスという樹木を育てるには、道徳という根をしっかりと固めることが必要です。

古来、「創業は易《やす》く、守成は難《かた》し」といわれます。創業時には大きな夢や展望を描いて、さまざまな困難に打ち勝っていけたとしても、やがて軌道に乗ると、その事業を守り固め、持続的に発展させることのほうが、はるかに難しくなります。廣池千九郎は、「創業・守成ともにその方法を同じくするものは亡ぶ」（『論文』⑨）、「創業は道徳なくとも出来ることあれど、守成は道徳なくては全く出来ませぬ」（『論文』⑧）と説いています。また、企業の守成期には特に金の使い方が大切であるとして、次のように述べています。

「財産を造るとか社会の高き地位を造るとかいうごときことはもとより難《かた》きことなれど、その蓄積せる財産もしくは社会の好地位を道徳的に使用することは、最初財産を得てこれを蓄積するより更に難きことであります。すなわち（中略）何人《なんぴと》も自己の成功の暁にはその傲慢心《ごうまんしん》がその人の頭脳に充満しておるのでありますから、その眼眩《くら》みて自己の前途を見透《みとお》す力を失い、且《か》つもちろん慈悲の心も、同情心も起こることなく、ただ利己心のみ増長して物質的にわが子孫の計画をなすのみでありますから、ついに必ず滅亡に至るのであります。故《ゆえ》に東洋における古き格言に『金を使うことは金を得るより難し』というておるのであります」（『論文』⑨）

世の中には、道徳と経済は両立できないものと考えたり、守成期の道徳の重大性について、あまり深く注意を払わない傾向があります。創業においては、奮闘努力し、かつそれに加えて、ある程度の経営資源があれば成功は得られます。すなわち、事業の成功には、身体が強健であり、知識と勇気があって、はなはだしい不道徳を行わないなどの要素があればよいのです。これらの条件が備わっていれば、多くの場合、事業の成功が一時的に約束されるでしょう。しかし、成功を持続して事業を完成させ、さらに次の代にそれを譲っていくには、卓越した品性が必要です。したがって、守成は難しいのです。守成期に入った経営者は、創業期の順調さに安住しないようにすべきです。

たとえどんなに時流に合った事業を興しても、またどんなにうまくソロバンを弾いても、経営者も社員もその地位にふさわしい道徳性を身に付けて、正しい道を歩む企業にならなければ、いずれ社会から消えていく運命にあります。企業の栄枯盛衰は、その経営者・幹部・社員の道徳実行の質と量とによって決まります。人の世は変わっても、人の歩むべき道は変わりません。

事業の根本は人にあり、人の根本は品性にあります。とりわけ経営者と経営幹部は、創業期であっても守成期であっても終始一貫、人間尊重の精神に立って、社員・従業員や顧客・仕入先などの人々の幸せを深く思いやり、自らの品性の向上に努めることが肝要です。「創業にも守成にも苦労して人を愛す」（『格言』）の精神が、信頼と協調によって結ばれた人間性あふれる企業をつくるのです。また、企業が人づくりのための一つの公設機関となってはじめて、永続的発展の道がひらけてくるのです。

三、積善と義務先行の長寿企業

昭和五十八年（一九八三）、『日経ビジネス』誌が提起した「会社の寿命三十年説」によって、会社の寿命ということが一般に意識されるようになりました。

事業自体の寿命は、企業の寿命や家業の寿命とは異なります。創業百年以上の、老舗《しにせ》といわれる企業の多くが取り組んできたように、業績がふるわない事業から撤退して転業したことが長寿の原因になることもあるでしょう。あるいは、品質向上のために技術の高度化に取り組み、独創性を発揮して新たな事業分野を開拓し、寿命を永らえる場合もあるでしょう。このように、環境の変化に対応し、その企業が社会にとって必要な存在であり続ける限り、事業は消滅しても企業の寿命は永らえます。

道経一体の経営では、企業の寿命は積善と義務先行の結果によって決まると考えます。中国古典の『易経』（文言伝）に「積善の家には必ず余慶《よけい》あり、積不善の家には必ず余殃《よおう》あり」とあります。一家の興隆も滅亡も、決して一朝一夕に起こるものではありません。興亡は、積もる善と不善の結果として起きるものであって、善い行いを積み重ねている家では、その代の者が幸福を受けるだけでなく、その余りの幸福が必ず子孫にまで及ぶというものです。

「義務の先行」とは、権利を主張する前に、まず自分の義務（本分や責任）を正しく果たすことをいいます。それによって権利はおのずと実現し、その権利を累積して行使せずに潜在的に保有するときには、積善の家になるというのが最高道徳実行上の原理です。義務の先行が品性を高め、正しい権利の累積が有形無形のさまざまな資本を生み出して、経営を磐石なものにするのです。老舗百貨店の店是「先義後利《せんぎごり》（正しい人の道を先にして利益は後にする）」や、宅配便物流企業の「サービスが先、利益は後」などの経営理念に見られるように、利他の精神で事業を行い、本業を通じて社会に貢献できる企業が、社会に存在し続けることを許されているのです。

持続する義務感こそ品性の極致です。経営者と社員双方が労使協調の精神で、事業を通じて善を積み、自社の力が及ぶだけ犠牲的努力を払い、義務先行をし続けることが肝要です。その結果、徳の貯蓄ができて、はじめて永続という成果を得ることができます。徳とは顧客をはじめ、他人の心に喜びを与えることであり、その結果、企業は利益を手にすることができるのです。いかなる人も企業も、この因果律（原因と結果の法則）から免れることはできないことを肝に銘じたいものです。

四、自助自立の「ジャッキ経営」

危機管理の三原則は、「自助」「互助」「公助」といわれます。企業経営でも、事が起きた際にはまず「自助」の精神で対処することが肝要です。英国の作家サミュエル・スマイルズは、『自助論（セルフヘルプ）』の序文に「天は自ら助くる者を助く（Heaven helps those who help themselves）」という有名な言葉を残しています。自分で自分を助けようとする精神は、道徳的に見て尊いことであり、他に頼らず一心に努力をすれば、天はそういう者に手助けをしてくれるものです。道経一体の経営においても、他に頼らず、自助自立の精神ですべての事にあたることを重視します。たとえうまくいかないことがあっても、その原因を外部に求めることなく、「できるようにするにはどうしたらいいか」と自ら考えて、自ら行動を起こし、自ら責任を取ることが自助自立の経営です。いつの時代にも、業績が悪い原因を外に求めてしまう傾向がありますが、経営者はスマイルズのいう自助の精神を持たなければなりません。「自分原因論」や「自責」の考え方に立って、事業に必要な知識をはじめ、情報力、技術力、組織力を包含する経営力を強化していくことが大切です。

それゆえに、漫然と銀行借り入れなどの資金調達に走ったり、不確実で投機的な事業に進出したり、安易に他人の力をあてにして不安定な共同事業に進出することなどは、戒めるべきです。実力の伴わない量的拡大が行き過ぎれば、風船が限度を超えて破裂するのと同じで、健全な成長ではなく、中身の伴わない膨張になってしまいます。もちろん、共同事業や戦略的な業務提携（アライアンス）が必要なときもありますが、その場合には相手の道徳性を見極め、協力の条件や離脱の条件などに注意することが必要です。共同事業は、当初想定された利益が確保できている間は、問題があっても表面化しないことが多いのですが、想定を超えた損失が計上されるときに至って、一気に問題が噴出して人心が離れ、事業遂行がたちまち困難になるものです。

急成長した企業が、「まだ儲かる、もっと儲かる」と、増収増益が続くことを自社の実力と思い込み、右肩上がりの傾向がこの先も続くものと勘違いすることがあります。そのために、社員を大量採用したり、借入金を増やして大規模な設備増強をはかったりします。しかし、その反動が数年後には訪れて、社員・従業員の大量削減や、工場設備・社屋あるいは事業部門の売却に奔走《ほんそう》せざるを得なくなるようなケースが跡を絶ちません。事業の輪郭や規模を急速に大きくすることは、内外に向かって多くの人を苦しめることになり、結果として、誰も安心や幸福を得ることができません。このことについて、廣池千九郎は次のように自戒を促しています。

「企業は、どんなに収益を上げている時でも、決して永久に利益が出るものではない。必ず反動があるものである。そこで経営者は、利益の出ている時に、最悪の時を予想して、それに備えて利益を蓄積しておかなければならない。どんな悪い時がきても耐え抜くことができるように、必ず余力を蓄えておらねばならない。『備えあれば憂いなし』と聖人は教えている」（『語録』）

「ものには、すべて〝反動の法則〟というものがある。従来の商人は反動ということを知らない。いま良結果が来たとすると、すぐ図に乗ってますます利己主義を現す。そして次には必ず不良な時が来るものである。必ず反動はすべてのものにあり、大砲を打っても弾《たま》は前方に飛び、砲身は後方に退く」（『語録』）

「鶴《つる》が千年の寿命を保つのは、腹八分目に食うからじゃ。経営者は急進的な繁栄を望まないで力相応、漸進的に進め」（『語録』）

人間は成功すると調子に乗って、必ず慢心するものです。永続を目指す経営者には、思い上がりや高慢心を捨て、常に「身の丈《たけ》の経営」や「腹八分目の経営」を心がけることが求められます。売り上げや利益の規模を追ったり、成長のスピードを無理に追求することは経営の目的ではありません。事業は人々を幸せにして、より良い国家社会にするための手段です。その実現のためにも、経営者は体格づくり一辺倒ではなく、より良い体質づくりを目指さなくてはなりません。樹木が毎年少しずつ年輪を重ねていくような成長を目指すことが求められるのです。これは、いわばジャッキを用いて、どんなに重い物でも確実に一段ずつ引き上げて、自力で目的地に到達する経営法をとることともいえます。

五、宥坐の器

孔子が魯《ろ》の桓公《かんこう》の廟《びょう》に参詣《さんけい》したとき、そこに「宥坐《ゆうざ》の器《き》」がありました。「宥坐」とは、常に身近に置いて戒めとするという意味です。この器は空のとき（次ページの写真右）は傾き、ほどほどに水を入れると（写真中央）垂直になり、水をいっぱい入れると（写真左）ひっくり返ります。これを見て、孔子は弟子たちに「満ちて覆《くつがえ》らない者はいない」と教訓しました。

すなわち、事業経営においても、自分の力以上の事業、または力いっぱいの事業をする人は、どうしても無理をするため、健康上、家庭上、社会生活上、いろいろな面で問題が生じてきま

宥坐の器。『荀子《じゅんし》』には、「虚《きょ》なればすなわち欹《かたむ》き、中《ちゅう》すればすなわち正しく、満つればすなわち覆る」とある。

す。また、社会的地位や名誉、財産、権力などの取得においても、順風満帆で満ち足りると、高慢になり、そのうちひっくり返って、せっかく得たものをすべて失ってしまうことになりかねません。

この宥坐の器は、人生におけるすべてのことにおいて、無理をすることや満ち足りることを戒め、中庸《ちゅうよう》の徳、謙譲の徳の大切なことを教えています。

なお、廣池千九郎は、このことについて、「自己の力以上もしくは力いっぱいの事業をなす人は、最高道徳にていわゆる誠の人ではない。力以上の仕事には無理ができるから」（『語録』）と解説を加えています。

経営者は、すべてのことにあたり、実力以上の無理を戒めて自然の法則を遵守し、その範囲において自助自立の精神で努力することが求められます。これが永続への王道です。いわば借りものによってではなく、自分自身の品性と実力によって自立し、いっさいを自分の責任において経営していくことです。「人事を尽くして天命を待つ」のではなく、「天命に従いて曲《つぶさ》に人事を尽くす」（『格言』）の精神を持ってこそ、真の安心を得ることができるのです。

六、逆境に感謝する経営

良い会社とは何でしょうか。その条件を考えてみると、①顧客本位で社員・従業員の物心両面の幸福を追求し、②経営者と社員に一体感があってやる気に満ち満ちて、③地域社会に根づいて環境にもやさしい会社など、いくつかのイメージが浮かびます。

それでは、勝ち残れる強い会社とは何でしょうか。その条件の一つは、「変化に対応でき、逆境に打たれ強い会社」といえるでしょう。会社は、その道のプロフェッショナルが集まって、最大の付加価値を生み出す組織であり、チームワークで価値の最大化を目指す場です。勝ち残れる強い会社は、経営者と社員が一心同体となって優れた商品、サービス、技術、付加価値を共に「つくり」、顧客や社会に「つながり」、どんな逆境に置かれても「もちこたえる」心の姿勢を持っています。「つくる力」「つながる力」「もちこたえる力」の三つを持つ会社が良い会社であり、強い会社の共通点です。

仕事や人生は、好調なときばかりではありません。自分の思いどおりにならない場面に遭遇するのがビジネスであり、人生です。外からやってくる逆境や試練もあれば、自分で蒔《ま》いた種が原因となって逆境や試練という結果を迎えることもあります。人は前者を運命といい、後者を自業自得《じごうじとく》といいます。大きな自然災害や人災に巻き込まれたり、困難な病、身近な人々の死、事業の失敗などは、正直でまじめに努力していればいるほど、理不尽な運命のように思われ、受け入れがたいものです。しかし、この現実と困難を、天が与えた「恩寵的《おんちょうてき》試練」として勇気をもって受けとめてみることです。天はその人が耐えられるだけの試練しか与えないといわれます。

逆境は仕事や人生を打ちのめすだけとは限りません。逆に「逆境にまさる教育なし」「逆境は自分をみがく天与の機会」といわれるように、どんな困難に置かれても、ひとたびそこに前向きで肯定的な意味を見いだすことができれば、耐えて乗り越えていくことができるものです。

自分に降りかかってくるいっさいの出来事を謹《つつし》んで受けるという心持ちが、人間としての器を大きくして、自らを高めるのです。

商売が思いのほか順調に進展したり、予想以上の利益がもたらされたとき、他者への感謝の気持ちから「おかげさまで」という言葉が自然に出てくることがあります。ほとんどの場合、私たちはこの「おかげさま」を自分の都合の良いときだけ使っています。しかし、不都合な場合でも「おかげさま」、病気になっても「おかげさま」、不況で苦労するのも「おかげさま」なのです。なぜなら、病気になったおかげで健康のありがたさや人の病苦も理解できるようになり、「われ幸いにして病を得たり」という心境になれるのです。また、不況でいろいろと苦労したおかげで、多くの人々に支えられていることに気づき、日頃の自分の心づかいを反省することができるのです。さらに、自分の潜在的な能力を再発見し、これが新たに成長できる貴重な機会になることもあります。

このように順境はもちろん、逆境にも「おかげさまで」と感謝する人は、喜びの多い人生をひらくことができるでしょう。ピンチはチャンスです。最初は逃げたくなるような逆境であっても、それを自分を高めてくれる試練と受けとめ、困難に行き当たったときこそチャンスをつかむという積極的な生き方をしたいものです。偉大な先人経営者たちはみな、逆境や試練をプラス発想で受けとめて味方にしてきたのです。廣池千九郎は言います。「およそいかなる御方にても、いやしくも人間の肉体を享《う》けられてこの地球上に現れたる以上は、その御徳の高ければ高きほど大なる困難に遭遇することは、すでに世界諸聖人の事跡に徴《ちょう》して明らかであります」（『論文』⑥）と。

七、事業承継は徳の継承

経営者一人の人生は一度しかなく、手がけた事業や苦労の末に開発できた技術も、時代が変わり、いずれ陳腐化していくことを考えれば、経営に完成という言葉はありません。江戸時代から続く老舗の家訓では、「当主（現経営者）は、ご先祖様の手代《てだい》（使用人）となって働きなさい。会社は自分のものではなく、ご先祖様がおつくりくださったもので、当主といえども、わずか一世代だけ支配役を預かっているリレーランナー（中間走者）にすぎない。だから自分は使用人になったつもりで働き、お店をバトンタッチする役割を担いなさい」といったことが事業承継の心得として説かれています。その事業が先祖伝来のものであるか否かにかかわらず、「企業というものを私物化せず、社会の公器として無事に次の世代に継承する」という視点は、どのような時代になろうとも大切です。

このように、経営者には究極の任務があります。それは、企業の未来を担う後継者を育て上げ、事業を継承していくことです。後継者育成は企業における「累代教育」であり、その本質は「徳の継承」にあります。それを確実に実現するためには、後継者や次世代に継承する内容と順序をまちがえてはいけません。それは、①精神、②人材、③資産、となります。

日本には、後継者となる次世代の人材育成の手本とすべき伊勢の神宮の式年遷宮《しきねんせんぐう》があります。これは二十年に一度、社殿等を造り替える世界に類のない祭典で、その歴史は古く、千三百年前の天武天皇の時代に定められたものです。そこには、熟練者と若手が一緒になって精神と技術と技能を忠実に伝承する「仕事の場」があります。社殿が壊れたから遷宮を行うのではありません。社殿は立派に建っていても、次世代に心と形を継承するために、二十年ごとに造り替えてきたのですから、これこそ先人たちの叡智《えいち》といえるでしょう。

経営とは、創業期、成長期、成熟期、衰退期、再生期などの企業のライフサイクルをつなぐ、長い駅伝リレーです。創業者は企業の原理原則を確立し、後継経営者は経営理念を現代的に解釈し直したり、事業の方法や内容を見直し、時機をうかがいながら、次の走者にバトンを渡していくのです。先代からバトンを受け取った後継者に求められるものは、自助と自立の精神で事にあたっていくことですが、時には創業者精神の原点に立ち返ることも必要です。なぜなら、創業者精神は世代交代や企業規模の拡大につれて減衰していく性質があるからです。

永続を目指す経営とは、バトンを受け継ぐそれぞれの世代の経営者が、徳という永続の種をどれだけ蒔《ま》くことができるかを競い合う、いわば「歴史をつくる経営」です。太く短くではなく、細く長くでもありません。子々孫々に至るまで、各世代が永続を期して、後継者をはじめ次の世代を育て上げ、徳を継承する会社だけが勝ち残り、末広がりに発展できるのです。

徳とは、過去累代にわたる道徳的な精神作用と行為の累積の結果として形づくられるものであり、人間の諸力を真に生かすための根源的な力です。それはまた、企業の歴史をつくる原動力ともいえます。

歴史をつくる道程には、さまざまな試練や困難が待ち受けていることでしょう。しかし「途中には困難ありて最後には必ず勝つ」（『論文』⑨）の精神で歩み続けましょう。廣池千九郎は、次のように述べています。

「人生は一時的突貫では真の成功は難いのです。永久不変の至誠慈悲の心に基づく、不断の静かな平和な底力のある行進でなくてはなりませぬ。これは大なる最高道徳の訓練を要するのであります」（『語録』）

第五章　現代の中小企業

——善を積みて徳を子孫に遺す父母もしくは祖先ははなはだ少ない

——大勢には、善きものと悪しきものとあり

一、企業は環境適応業

経済のグローバル化がとどまるところを知らない今日では、どの企業も環境に迅速かつ的確に適応することが強く求められています。もしも適応を怠ったり、誤ったり、あるいは遅れたりすると、いかなる老舗企業でも容赦《ようしゃ》なく市場から消えざるを得ないのが現実です。比較的強い財務力を持ち、社会的信用を勝ち得ているのが老舗ですが、その老舗でさえも、適応を誤ると生き永らえることができないのです。今日の中小企業を取り巻く環境は、それほど厳しいといえます。

それだけに、「企業とは環境適応業である」という考え方を真摯《しんし》に受けとめざるを得ません。しかし、環境に順応し適応すること自体が良いこと、正しいこととはいいきれません。廣池千九郎は大正十一年（一九二二）のある講演で、次のように述べています。

「大勢《たいせい》には、善《よ》きものと悪《あ》しきものとあり。大勢に逆行するもの、または順応するものは滅ぶ。順応しつつ真理を守るもの残る。大勢の事のみ奔走するものは俗人《ぞくじん》なり。大勢の外《ほか》に真理の事に心を注ぐものは偉人なり。大勢の渦中にありて自ら高しとするものは卑《いや》し」（遺稿Ｂ）

もとより、大勢そのものに善悪はないのですが、大勢が人間に良い影響や悪い影響をもたらすのです。たとえば、今日の行きすぎた株主尊重、レバレッジ経営、短期業績重視主義などは悪影響を社会・企業・人に与えていると、道経一体の経営では考えます。とはいえ、それが大勢ですから、それに逆行するだけでは会社は存続できません。順応しながら道経一体の経営の本質を守る企業が生き残るのです。

環境は常に変化します。そのため、環境の変化を見落としたり、見誤ったりすることが頻繁に起こります。そこで経営者には、常に「虫の目」「鳥の目」「魚《さかな》の目」という三つの観点を持つことが要請されるのです。「虫の目」とは、眼前の細かな現実を見抜く力のことです。「三現主義」といわれるように、現場・現物・現実の三つを直視する力は、どの企業でも強く要求されます。「神は細部に宿る」といわれるとおり、細部を見逃しているようでは、成功はあり得ません。また、「鳥の目」とは大局観です。細部を見るだけでなく、全体を俯瞰的《ふかんてき》に見通すことも同じように重要です。さらに、時流が激しく変化する今日では、「魚の目」がますます重要になっています。これは魚のように、川の流れ、潮の流れを敏感に察知し、それに適応する方法を探る見方のことです。すなわち、環境の時間的変化を深く、鋭く、素早く見抜く力です。

なお、激しく変化する環境に順応し適応するという経営者の使命と役割とは、船にたとえて、

「舵《かじ》を取り、舵を守る」ということもできます。経営理念を守りながらも、荒波のように押し寄せる内外の環境変化に適宜対応するには、不動の信念と同時に柔軟な発想が求められます。これこそ、まさに品性資本の出番です。「つくる力」「つながる力」「もちこたえる力」を総動員して、経営本来の目的を達成することが求められます。

ここで、環境には外的と内的の二つがあることに注意しましょう。外的環境の変化には目が行き届きやすいのですが、内的環境、すなわち社内環境、とくに経営者自身の心の変化には気づきにくいのが人間の常です。中小企業には同族企業（ファミリービジネス）が多いため、経営者自身が自分の心理的・身体的な変化に気づくことが特に重要です。誰も冷静な第三者の視点でチェックしてくれないからです。功を急ぎ、急拡大・急成長しようと無理な経営をしてはいないか。加齢によって、あまりにも保守的になり、他人の意見に耳を傾けないようになってはいないか。忠告してくれる人が周囲にいなくなり、裸の王様になってはいないか等々、同族企業の経営者には厳しい自己管理能力が求められます。加齢、過去の成功体験、自社への強すぎる愛着心の三つが、同族企業経営者が最も戒めなければならない点だといわれます。

昭和九年（一九三四）に、廣池千九郎はある講演で「商工業は生きた戦争です。いわゆる経済戦であります」と語っていますが、このことは今日もまったく同様です。経営者および経営幹部は、全力を尽くして環境の変化に対応しつつ、道経一体の経営を行って、戦いに勝ち残ることが求められているのです。さらに、廣池は事業経営者に向かって道徳的競争を呼びかけ、次のように述べています。

「文明の進歩とともに、人間の知識も、技術も、富もその他事業上の施設経営の方法も、みな進歩し、今日においては、何人《なんぴと》もこの点においてはほとんど遺漏《いろう》なく、その全力を提出して競争しておるのです。しこうしてこの上に更にいま一つ競争の余地の存しておるのは道徳の実行のみでしょう。且《か》つこの道徳実行という重大なることにつきては、今日各人がいずれもみな躊躇《ちゅうちょ》してその実行を怠っておるのであります。このときに当たって、万一、衆人に率先して当該最高道徳のごとき権威ある道徳を実行するものあらば、たちまちにその頭角を社会に現すに至ることは明らかであります」（『論文』⑦）

二、個性化、差異化を極める経営

平成初期のバブル崩壊後、日本は長期にわたる経済的低迷期に入りました。「失われた十年」あるいは「失われた二十年」などといわれるとおりです。その激しい変化を「二一・六・二から二・二・六へ」と呼ぶ人もいます。それぞれ三つ並んでいる数字のうち、はじめの数字は定常的に経常黒字を出している企業数です。中央の数字は景気の良し悪しによって黒字であったり、赤字になったりする企業数です。そして、最後の数字は定常的に赤字の企業数を意味します。すなわち、高度成長期には定常的に黒字を出している企業は全体の二割ありましたが、それはその後の低迷期も同様です。しかし、「時に黒字、時に赤字」という中間の層が高度成長期には六割あったのに、その後激減し、いまでは二割になっています。そして、定常的に赤字という企業数が二割から六割へと激増しているというのです。中間層が薄くなり、黒字企業と赤字企業とに二分化しているため、これを「二極化」と呼ぶこともできます。二極化とはいっても、赤字企業のほうがずっと多いのです。定常的な赤字企業が長期にわたって生き延びることはあり得ませんから、これは現代の中小企業にとって、その生きる道が非常に厳しいことを示しているといえましょう。また、現代日本が従来のやり方では通じない大変革の時代になっていることを如実に示しているともいえます。

これらの大変化が何によってもたらされたかは、さまざまに論じられているとおりです。すなわち、ＩＴ革命の進展、それに伴う情報の大爆発、グローバル経済の本格化、物流革命等々の影響が複雑に絡み合って生まれている現象なのです。そして、この流れは今後ますます進展していく気配が濃厚です。ということは、中小企業を取り巻く環境は今後ますます厳しくなると覚悟せざるを得ないのが現実です。

　これほど厳しい環境の中で、中小企業が生き延び、さらに発展していく道は、どこにあるのでしょうか。その重要な鍵は「独自性発揮」「個性化」あるいは「差異化」などという言葉にあります。すなわち、他と同じことをやっていたのでは生きていくことさえ困難な時代になっているのです。とくに、中小企業は大企業と同様のことをしてはなりません。大企業は量、品《しな》揃《ぞろ》え、価格で勝負しますが、中小企業が同じことをやったのでは勝負になりません。中小企業は量よりも質を大事にし、価格競争をできるだけ避ける道を選ぶべきです。

「ゾウの戦略とムシの戦略」という見方があります。ゾウは進化の過程で自分の体を大きくすることによって、生存競争に勝ってきました。しかし、その現生種はアジアゾウとアフリカゾウの二種だけです。一方、ムシは体を小さくして生き延びる戦略を選びました。その種は、百万種にも上ると見られています。ゾウとムシの数は、種数で見ると一対五十万ですが、個体数で見ると一対数千億とか数兆と推定されます。現代の中小企業は、この数字や比率を重く受けとめ、ムシの戦略をとるべきでしょう。

　換言すると、中小企業には自身や自社の持つ個性、特性、経歴などを大切にすることによって「独自性」を見いだし、それを徹底的に追求することが求められているのです。現在、世界の人口は約七十億人と推定されていますが、それほど多くの人がいても、一人ひとりはみな異なります。それと同じように、現代の中小企業は、すべてが異なった個性、特性、特殊性を発揮して生きていく道を求めるべきなのです。また、そうせざるを得ない環境の中にあるのです。

廣池千九郎は「自ら運命の責めを負うて感謝す」という格言を残しました。ここでいう責めとは責任のことです。運命とは自分と自分を取り巻くすべてのことであり、たとえば個性、特徴、長所、短所、好都合なこと、不都合なこと、さらに立地、規模、過去なども含まれるでしょう。これらをみな「自己の責任」と考え、肯定的に受けとめて、感謝しつつ活用するのです。これらを否定したり、あきらめたり、無視してはいけません。欠点や短所さえもが、自分や自社を特徴づけているのです。その点で、この生き方は自分らしさや本分、天分を生かしきることにつながります。個性化、差異化はこの意味で道徳と結びつくのです。

三、ビジネスモデルをみがく経営

ビジネスモデルとは、その企業の活動形態を特徴づけている仕組みやノウハウなどのことです。企業は利益を上げなければ存続できないため、「ビジネスモデルとは儲ける仕組み」と端的に呼ぶ人もいます。現代の中小企業には、独自のビジネスモデルをつくることが強く求められます。

現代はあまりにも競争が厳しいため、同業者と同じとか、特徴に乏しいとかでは生き残れない時代になっています。すなわち、個性化や差異化は必須であり、これを追求し、特定の強みを生かせる価値基準を選択した結果、独自のビジネスモデルが生まれるものといえます。ビジネスモデルは客観的な分析や合理的な意思決定だけでは生まれません。競争が激しければ激しいほど、競争相手との違いを際立たせる必要があるのです。

新たにビジネスモデルをつくる際に留意すべき点をいくつか述べます。第一に、「選択と集中」が必要です。この「選択と集中」を誤れば、大きな損失を生み、場合によっては倒産することもあり得ますが、これを行う以外に生き残る方法はありません。何もかも大事にしていたのでは、どこにでもある無個性の企業で終わります。何かを捨てなければ個性化・差異化ははかれません。捨てなければ捨てられてしまうのです。

第二に、真似されにくいビジネスモデルである必要があります。今日のような情報化社会では、同業者同士で常に見たり、見られたりしています。苦心の末につくり出したビジネスモデルが簡単に真似されるようではいけません。経営資源の乏しい中小企業では、そのビジネスモデルは他社に真似されにくいものであることが重要です。

第三は、「こぶづくり」によるビジネスモデルづくりです。企業が新しいものを生み出そうとするときは、自分や自社が現に保有する資源を利用できるように、「こぶ」のような隣接分野に活路を見いだすことが望まれます。具体的には、客や市場は同じだが、売る商品が違うとか、その逆に商品は従来と同じだが、客や市場が異なるなどです。

第四に、顧客の潜在的ニーズに注意を払うことです。顧客のナマの声、すなわち顕在的ニーズは多くの場合、新たなビジネスモデルを生み出す元にはなりません。顧客自身が固定観念にとらわれているからです。この潜在的ニーズの発見には「つくる力」が強く求められます。「つくる力」こそが、今までにない新たな市場を開き、新規の顧客を開拓することになるのです。

なお、営々たる努力の末にビジネスモデルづくりに成功しても、それが長期間にわたり維持され、持続されなければ企業の永続はありません。しかし、ビジネスモデルとは壊れやすく、効果が失せやすいものです。すなわち、どんなビジネスモデルにも寿命があることを忘れてはなりません。常にみがき、改善・改革していく必要があります。それを怠ると、いつのまにか当初とは「似て非なるもの」になってしまい、顧客から見捨てられて終焉《しゅうえん》を迎えるのです。

四、透明性を確保する経営

透明性の実現は規模の大小を問わず、現代の企業に共通して要求されます。この点で、現代的道徳の特徴ということができます。それは、年を追うごとに企業の力が大きくなり、ステークホルダー全体に対して広くて深刻な影響を与えるようになったからです。このことは企業規模の大小を問いません。たとえば、ただ一人でやっている個人企業で動いているカネでも、普通の消費者個人が動かすカネの数十倍、数百倍に及ぶことからも推察されます。

道経一体の経営では、とくに自社の社員に対する経営情報の透明性実現を重視します。すなわち、財務情報を社員に公開して、その協力を仰ぐという経営手法です。社員とは、ステークホルダーの中で最も経営者に近い立場にいて、経営者と利害や運命を共にする部分が多いからです。これはまた、「人間性重視」の意味からも重要です。人間は主体的に判断し行動することを望みますが、そのために必要な情報を知りたいと思うからです。こうしたことから、社員に対する経営情報の透明性実現は、人材育成に不可欠な要素となります。これはまた、経営者と社員との「つながる力」を強めることにもかかわります。

透明性には三つの要素があります。第一は、ディスクロージャーであり、「情報開示（公開）」と訳されます。文字どおり、真実の情報をありのまま、広く開示することです。これなくして透明性などあり得ないのは、いうまでもありません。第二は、アカウンタビリティであり、多くの場合「説明責任」と訳されます。これは情報を開示する相手が、その内容を正しく、また過不足なく理解できるように説明することです。ディスクロージャーによっていくら情報が開示されたところで、内容が理解できないようでは意味がありません。開示した内容が理解されるように説明する必要があります。第三は、タイミング、すなわち時期のことです。どんなに情報を開示し、説明したところで、その時期が遅すぎたのでは無意味です。求められる時期に遅滞なく開示するという適切なタイミングが必要であり、ほとんどの場合、早い時期に行うことが求められます。

なお、多くの場合、アカウンタビリティの効果を高めるには、説明を受ける側の情報処理力を高めておく必要があります。場合によっては、基礎的なことからの教育も必要です。たとえば、自社の業績が悪化したために思い切った対策が必要になったとします。社員に実態を知らせて協力を得ようと、ディスクロージャーをしてはみたものの、社員に財務情報から現状を読みとる力がなく、十分な理解を得られない場合があります。それどころか、社員が過度に動揺したり、うわさやデマが飛んだりして、かえって逆効果になった、などということはよくあることです。財務諸表は基礎知識がなければ理解は困難です。正しく理解してもらうためには、平素からの社員に対する入念かつ周到な教育が必要なのです。

透明性実現には、ほかにもいろいろな面での効果が期待できます。たとえば、内部告発対策として非常に効果的です。企業内部の透明性が十分ならば、そもそも告発などは起こり得ません。隠しているから告発しようという行為が生まれるのです。また、「自律の経営」にも効果的です。誰からも見えるような経営をすることは、自分にとって不都合なことも隠さず開示するという自律心が前提になります。自律の経営ができれば、経理業務をはじめとして、社員の不正防止策にもなり、大きな効力を発揮します。誰からも見えるような経理業務をしていれば、金銭的な不正を働く余地がなくなるのは当然のことです。このように、透明性実現は不祥事の発生を未然に防ぐ対策として、極めて有効になります。

五、特定顧客・特定仕入先・特定商品に過度に依存しない

「選択と集中」が現代の中小企業にとって重要なキーワードになることは、本書で繰り返し述べてきました。しかし、「選択と集中」は何に対してもやみくもに行うべきではありません。この「選択と集中」は経営効率向上のために必要ではありますが、気をつけねばならないことがいくつかあります。

まず、特定の顧客に売り上げを集中させることについてです。ごく少数の特定顧客に過度に依存することが危険なのは、いうまでもありません。現代は世界的規模で先行きが不透明であり、かつ年を追うごとに変化の速度が増しています。そのため、世界的規模の大企業ですら、好業績を上げ続けるのが困難になっています。倒産したり、清算するような事態にはならないにしても、顧客そのものが他社に吸収・合併（Ｍ＆Ａ）されたり、関係する部門の運営が大変更されるなどの不確実性や危険性は常につきまといます。いったんそうなると、長年の取り引きが急減したり、場合によっては消滅することにもなりかねません。

ごく少数の特定顧客に売り上げを集中させることは、下請け形態の製造業に多く見られます。

中小製造業では、数社どころか、一社か二社に売り上げのほとんどを依存することが普通でさえあります。顧客を絞り込むことが、結果として高い効率を生むからです。しかし、これは今日では非常に不安定な業態であり、道経一体の経営を目指すからには何としても避けるべきです。また、ごく少数の特定顧客に対する高い依存度は、必然的に価格の低下をもたらします。顧客が価格決定権のほとんどを握ってしまうからです。これでは永続も繁栄も期待できません。

製造下請業の場合、抜け出す道は三つあります。第一は、自社ブランド商品を持つなどして下請け形態を脱する道です。これは「自立型」といえましょう。第二は、自社が保有する特別な技術力や特定工程への対応力を、少数の顧客に対してではなく、多数の顧客に提供する道です。この形態は、顧客との関係が対等に近くなるため、「横請け」などと呼ばれます。第三は、とにかく顧客を分散させようとする「顧客分散型」です。このように、現代の中小製造業者は、少数の特定顧客だけに売り上げを集中する道は避けるべきです。

次に、特定少数顧客への過度の集中に比べれば、深刻さは低くなりますが、自社が仕入れる商品やサービスが特定仕入先にかたよることにも注意を要します。とくに、そこからしか購入できないような場合、自社の命運がその仕入先の盛衰に左右されることになります。これでは自律経営も、自立経営も成り立たず、道経一体の経営からはほど遠いものとなります。その特定仕入先から購入できなくなる場合に備えて、代替物や代替ルートを用意しておくなどの配慮がどうしても必要です。

さらに、特定商品の販売にかたよることも避けるべきです。激変する今日では商品の寿命は短く、昨日まで大量に売れていた商品が急速に売れなくなる事態は頻発しています。大勢に順応する経営が滅びるのは、このためです。永続性を重視する道経一体の経営では、このことにも注意を怠るわけにはいきません。

中小企業には、積極性や計画性に欠ける経営者が多く見られるといわれます。「今日のメシが食えればそれでいい。明日のことをクヨクヨしても始まらない」などという安易な経営法は、今日のような厳しい経済環境では通じないことを、しっかりとわきまえる必要があります。

六、人事・労務管理は企業の道徳的課題

人件費が日本の数分の一や数十分の一という発展途上国と同一の土俵で競争するのが、グローバル経済の現実です。その競争は直接的ではないにしても、日本の中小企業はこの厳しい状況に耐え抜いていかなければ、生存も発展も許されません。また、少子高齢化が進む人口減

少社会では、かつてのような好景気や高い成長率が続く拡大局面は、ほぼ期待できません。中小企業の経営者は、これからも厳しい局面が続くという覚悟を持つ必要があります。

企業を取り巻く厳しさは、企業の人事・労務面にも強い影響を与えます。とくに適正な利益を生み出せず、赤字が続くような企業では、社員の疲労感や緊張感が増大する一方です。そのため、人事・労務管理の難しさも年々深刻度を増しています。いろいろな調査機関が行う調査において、「中小企業の経営課題とは？」という問いに対する回答のうちで一番多いのは、常に「人材の育成と確保」です。販売や資金に関するものよりも、人材に関する悩みがどの調査でも最上位に位置するのです。しかし、それほどまでに重要な人材育成の前に立ちはだかる壁が、いくつかあります。

その最も端的な例が、うつ病に代表されるメンタルヘルス問題です。その症状はますます多様化し、何らかの対応を必要とする「メンタルヘルス不全者」対策は、多くの企業にとって重要になっています。発見が遅れると、治療に長い期間を要するだけでなく、職場に復帰しても、元のような働きはできないことが多くあります。これは本人にとっても、家族にとっても、また、企業にとっても不幸なことです。

厄介なことに、なぜ近年になってメンタルヘルス不全者が急増したかという理由は明確ではありません。一時は長時間労働などが主因だという見方が多数を占めていましたが、近年はそれを疑問視する見解が多く出されています。いずれにせよ、労働環境の厳しさが肉体的なものから知的・精神的なものへと急変したことに、人間や企業が追随できていない点と密接な関係があるようです。現代の中小企業は、たとえ社員数が少なくても、メンタルヘルス問題に細心の注意を払い、対策を講じる必要があります。

また、近年は各種ハラスメントが人事・労務の大きな問題になっています。ハラスメントとは、いろいろな場面での「嫌がらせ・いじめ」を意味します。その種類はさまざまですが、本人が意図的に行ったものであるか否かにかかわらず、その発言や行動によって相手を不快にさせたり、尊厳を傷つけたり、不利益を与えたり、脅威を与えることを指します。男女間のセクシャル・ハラスメント、上司と部下との間のパワー・ハラスメント、大学などに見られるアカデミック・ハラスメント等々は、いずれもモラル・ハラスメントであり、道徳的な問題です。これらは人の心理に深くかかわる微妙な問題であるだけに、その対策は難しいといえます。

各種ハラスメントの発生を抑えるため、さまざまな法律が定められてきました。しかし、多くの中小企業にとっては、それを解釈し、遵守するための対策を講じ、さらに実際に遵守していくのは非常に困難です。それどころか、そのような法律が存在することさえも知らない経営者が多くいます。しかも、年を追うごとに法律は数を増し、複雑になり、多様化しています。その分野の専門家にとってさえ、正しく理解することが困難になっている場合も多く見受けられます。このことは労働時間や給料などに関する面でも同様です。

「法令遵守（コンプライアンス）」と一言でいいますが、このように、今日の中小企業にとっては完全な法令遵守がますます難しくなっています。経営者はこの現実をしっかりと把握し、各種専門家の協力を得ながら法令遵守に努力することが求められます。なお、人事・労務面の問題とはほとんどの場合、道徳的問題でもあります。したがって、根本的な解決のためには経営者自らの品性向上が強く求められるのはいうまでもありません。経営者の高い品性と、それが本になってつくられる企業の品性資本とが前提にあって、はじめて対策が効果を上げるのです。

七、これからの同族企業（ファミリービジネス）

日本だけでなく欧米においても、また、昔も今も、さらに規模の大小を問わず、企業の多くは同族企業（ファミリービジネス）です。とくに、中小企業に限定すれば、ほとんどすべてが同族企業であるといえます。世界の中で、日本は永続企業、長寿企業、老舗企業が突出して多く、

「長寿企業大国」と呼んでも差しつかえないほどですが、そのほぼすべてが同族企業です。しかし近年になって、長期にわたり低迷する経済環境や激化する競争により、これまで永続してきた同族企業の存続が危ぶまれるようになっています。こうしたことから、同族企業の経営者は、いまこそ自社を鋭く見つめ、果敢に解決への道を歩んでいく覚悟が必要です。

なぜ企業が百年以上の長寿を迎えることができるのかについては、さまざまな理由を挙げることができます。たとえば、本業一筋で副業やサイドビジネスに走らなかったことが幸いした、コア事業を守りつつ関連事業の多角化に成功した、困難な時期に中興の祖ともいうべき有能な経営者を外部から迎えて企業再生に成功した、などでしょう。これらの要因は、いずれも同族企業としての強みが幸いしたと見ることができます。同族企業が他の企業に比べて優れている理由としてしばしば挙げられるのは、①目先の損得にとらわれない長期志向で、②迅速な意思決定による俊敏な経営が可能であり、③トップの方針がすみずみまで浸透する企業文化を保持し、④永続するためのイノベーションに対する強いこだわりが差異化を生み、⑤企業価値の最大化と企業の永続が経営目標になっている、といった点です。

こういう理由は日本に限らず、欧米においても同様です。近年になって、欧米では同族企業の研究が進み、こういう共通点が広く理解されるようになってきました。同族企業を特徴づけるものに、所有（オーナーシップ）、同族（ファミリー）、経営（ビジネス）という三要素による構成が挙げられます。近年、欧米において普及し始めた考え方ですが、これは、「三円（スリーサークル）モデル」として知られています。

第一の所有とは、株式所有のことです。永続する同族企業においては、代々にわたって株式

三円（スリーサークル）モデル

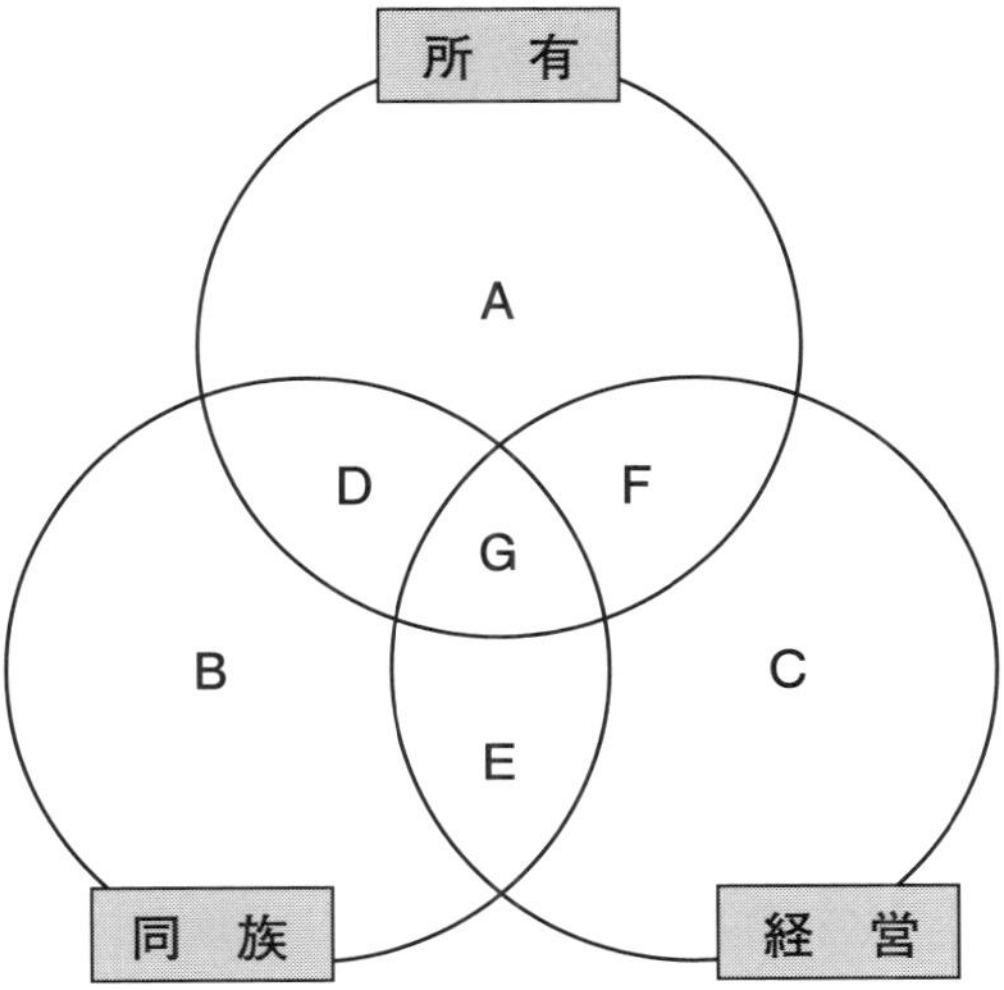

	所有	同族	経営
A	○	×	×
B	×	○	×
C	×	×	○
D	○	○	×
E	×	○	○
F	○	×	○
G	○	○	○

※表の見方：たとえばAは、株を所有する（○）が、同族ではなく（×）、経営にもかかわっていない（×）ことを示します。

の集中と分散が周到に行われ、同族以外の持ち株比率や配当政策が入念に計画し実行されます。第二の同族とは、血のつながった一族のことです。この同族も、必ずしも企業経営にかかわったり、株式を所有するとは限りませんが、後継者の育成や経営者の交代に深くかかわります。第三の経営とは、実際に企業を経営することです。株式の所有者が必ずしも経営者であるとは限りませんが、とにかく競争優位性を維持・強化しながら、事業の持続的成長を遂行する役割を持ちます。現代の同族企業には、これら三つを相互に連動させ、総合的に承継する戦略が求められます。

先の図に見られるとおり、同族企業の関係者は最大七種類（A～G）に区分され、一般企業の経営より複雑さがあるとされています。しかも三つの円の重なり方は年々変化していきます。関係者の区分がうまくいけば、その同族企業の優位性は強まります。しかし、たとえば同族関係者が私益優先や公私混同、身内びいきや内輪もめをするなど、脇の甘さが露呈すると、歯車が逆回転し優位性が消滅して競争力が失われます。同族企業を永続させるためには、この点に常に注意を払う必要があります。

同族企業の命運は結局のところ、その家の徳の分量と一人ひとりの徳の分量によって決まります。廣池千九郎は次のように述べています。「家や屋敷や地所や財産や書物などを遺《のこ》す父母もしくは祖先は世にたくさんあれど、善を積みて徳を子孫に遺す父母もしくは祖先ははなはだ少ないのであります」（『語録』）と。代を重ねて道徳を実行する積善の家づくりこそ、同族企業の進化につながり、持続的成長と永続の源になることを、肝に銘じたいものです。

なお、廣池は世《せ》襲《しゅう》制度を是認し、次のように述べています。

「世襲制度の原理は人類の自己保存の本能と、道徳発達の奨励との二要素より見て、その合理的なることを証明し得るのであります。すなわちすべて各人の努力は、単に自己の生存のためのみならず、多く自己の延長たる子孫〈養子をも含む〉の幸福を思うてここに至るものであります。しこうして君主に対し、国家もしくは社会に対して功労を立てたる人の子孫を優遇するごときことはすべて道徳発達の奨励となることでありますから、この二要素はともに人類の文化幸福の原動力となるものであります。故《ゆえ》にこの理由から、世襲制度は自然の法則上合理的であります」（『論文』⑧）

徳づくりの経営
道経一体経営セミナー用テキスト

平成 25 年 6 月 1 日　初版第 1 刷発行
令和 元 年 8 月 20 日　第 6 刷発行

編集 発行　公益財団法人 モラロジー研究所
〒277-8654 千葉県柏市光ヶ丘 2-1-1
TEL.04-7173-3155（広報出版部）
https://www.moralogy.jp/

発売　学校法人 廣池学園事業部
〒277-8686 千葉県柏市光ヶ丘 2-1-1
TEL.04-7173-3158

印刷　横山印刷株式会社

ISBN978-4-89639-230-2